HISTÓRIA GERAL EM DOCUMENTOS

OS POVOS DA AMÉRICA

Dos primeiros habitantes às primeiras civilizações urbanas

ANA MARIA BERGAMIN NEVES
FLÁVIA RICCA HUMBERG

5ª EDIÇÃO

Coordenação:
Marly Rodrigues
Maria Helena Simões Paes

Conforme a nova ortografia

ATUAL EDITORA

SARAIVA S.A. Livreiros Editores
Rua Henrique Schaumann, 270 — Pinheiros
05413-010 — São Paulo — SP
Fone: (0xx11) 3613-3000
Fax: (0xx11) 3611-3308 — Fax vendas: (0xx11) 3611-3268
www.editorasaraiva.com.br

Dados Internacionais de Catalogação na Publicação (CIP)
(Câmara Brasileira do Livro, SP, Brasil)

Neves, Ana Maria Bergamin
Os povos da América : dos primeiros habitantes às primeiras civilizações urbanas / Ana Maria Bergamin Neves, Flávia Ricca Humberg ; coordenação Marly Rodrigues, Maria Helena Simões Paes. — São Paulo : Atual, 1996. — (História Geral em Documentos)

Inclui suplemento de trabalho.
ISBN 978-85-7056-850-2

1. América — História (Ensino médio) 2. História (Ensino médio) I. Humberg, Flávia Ricca. II. Rodrigues, Marly. III. Paes, Maria Helena Simões. IV. Título. V. Série.

96-4338 CDD-907

Índice para catálogo sistemático:

1. História : Ensino médio 907

Série **História Geral em Documentos**

Desenvolvimento de produto
Gerente: Wilson Roberto Gambeta
Editor: Henrique Félix
Assessora editorial: Shirley Gomes
Editor de texto: Noé G. Ribeiro
Editora de arte: Thaís de Bruÿn Ferraz

Produção editorial
Gerente: Cláudio Espósito Godoy
Coordenador: Milton M. Ishino
Revisão de texto: Pedro Cunha Jr. e Lilian Semenichin
Editor de arte: Celson Scotton
Chefe de arte: Marcos Puntel de Oliveira
Diagramação: Fabiano dos Santos Mariano
Editoração eletrônica: Silvia Regina E. Almeida (coord.)/Grace Alves

Produção gráfica
Gerente: Antonio Cabello Q. Filho
Produção gráfica: José Rogerio L. de Simone (coord.)/Mack Y. Sato

Colaboradores
Projeto gráfico: Ethel Santaella
Projeto gráfico de capa: Cláudia Scatamacchia
Capa: Pintura mural retratando cerimônias de sacrifício entre os maias no sítio de Bonampak, México (*National Geographic*, fev./95)
Filmes (*D.T.P.*): Binhos

5ª edição/1ª tiragem
2025

Impressão e acabamento
Log&Print Gráfica, Dados Variáveis e Logística S.A.
OP: 286592

Visite nosso *site*: www.atualeditora.com.br
Central de atendimento ao professor:
0800-0117875

Para Fabio e Paulo,
pelo carinho e paciência.

Nota do Editor: A qualidade da reprodução fotográfica de alguns documentos pode ter sido comprometida pelo estado dos originais.

SUMÁRIO

Parte I

Parte II

Apêndice

PARTE I

Introdução

A América e os vestígios de seus primeiros habitantes

Quando pensamos nos primeiros habitantes da América logo nos lembramos de incas, maias e astecas, povos que conhecemos através dos relatos dos homens que aqui chegaram com a expansão marítima europeia. Entretanto, o continente foi ocupado muito antes do século XV e abrigou uma infinidade de culturas, até hoje pouco conhecidas.

Não podemos dizer com exatidão quando e como o continente foi povoado, mas sabemos que na América desenvolveram-se muitos grupos com cultura neolítica*. Para conhecê-los é preciso inseri-los na região em que viveram e analisar o processo de desenvolvimento cultural por que passaram ao longo do tempo. Em muitos casos, esses processos duraram séculos e envolveram grupos diversos, que se misturaram através de migrações ou conquistas.

Cada povo dava um nome à região em que vivia, sem que houvesse um nome para designar o continente. Foi Américo Vespúcio — um navegador veneziano que tomou parte em quatro expedições de exploração e reconhecimento da América, alternadamente a serviço dos reis de Portugal e Espanha — quem reconheceu as dimensões continentais das terras

* As palavras com asterisco estão no Vocabulário, no final do livro.

"descobertas" por Colombo e por isso acabou por ceder seu nome ao continente a partir de 1507, aproximadamente.

A historiografia relativa aos primeiros habitantes da América habitualmente refere-se a eles como povos pré-colombianos, tomando como marco a chegada de Colombo ao continente, em 1492. Assim como o nome dado ao continente, esse é um marco eurocêntrico* que desconsidera a longa história dos povos americanos que antecede esse acontecimento. Contudo, se nosso interesse está voltado para os primeiros habitantes das terras americanas, é preciso recuar o marco inicial de sua história, já que eles não desapareceram com a chegada dos europeus. Pelo contrário, muitas das civilizações mantiveram suas culturas por um longo tempo depois disso, algumas até hoje.

Registros

A reconstrução da história desses povos é tarefa muito difícil, pois, em sua grande maioria, eles não possuíam códigos de escrita. Os vestígios materiais deixados por eles — esqueletos de homens ou dos animais de que se alimentavam; restos de casas, túmulos, templos; artefatos e objetos diversos, como cerâmicas, esculturas, instrumentos agrícolas e outras ferramentas — representam a fonte principal de informações sobre seu modo de vida.

As cerâmicas e os tecidos decorados com cenas do cotidiano, as pinturas rupestres* e murais, além das grandes construções, como templos, palácios e cidades abandonadas em meio às selvas e cordilheiras do continente, são preciosidades arqueológicas fundamentais para a tarefa de desvendar o passado.

O trabalho com esses objetos é realizado pelos arqueólogos, que são pesquisadores especialistas em analisar e interpretar a cultura material. Através do estudo dos sítios arqueológicos*, podemos acompanhar o desenvolvimento cultural das sociedades americanas e determinar aproximadamente a época de sua existência. Muitos sítios arqueológicos guardam vestígios de épocas diferentes, revelando aspectos do desenvolvimento de antigas culturas ao longo do tempo. O estudo dos objetos é feito então em conjunto, ou seja, o local, a posição e o contexto em que foram encontrados são muito importantes para que o arqueólogo possa levantar hipóteses sobre seu uso, sua função, a técnica empregada em sua fabricação, sua datação e outras informações fundamentais para sua interpretação.

O interesse pelos objetos produzidos pelos homens americanos se manifestou entre os europeus desde o século XVIII, quando tiveram início os primeiros trabalhos de escavação*. A partir do século XIX os estudos arqueológicos na América passaram a ser organizados por universidades e grupos de arqueólogos profissionais, que se reuniam em congressos, trocavam informações e discutiam suas conclusões. Atualmente existem vários grupos de arqueólogos trabalhando por todo o território, fazendo importantes descobertas e levantando novas hipóteses de explicação para o processo de povoamento e o desenvolvimento cultural de diferentes grupos.

O trabalho desses arqueólogos pode ser comparado à tarefa de montar um enorme quebra-cabeça onde faltam muitas peças: a cada descoberta é preciso reorganizar as peças para que os novos fragmentos possam se integrar ao todo, dando-lhe novo sentido. Ainda estamos longe de ver o trabalho concluído, mas temos muitos fragmentos que se encaixam e nos permitem pensar sobre o todo.

Documentação

Embora mais raros, os documentos escritos pelos povos americanos representam fontes de pesquisa igualmente importantes para os historiadores. Astecas e maias deixaram inúmeros registros escritos sobre sua história, astronomia, astrologia, calendários, rituais e religião, genealogia* e administração pública, como os livros de *Chilan Balan* e *Popol* Vuh dos maias. Esses livros, conhecidos como códices*, traziam, além do texto, muitas ilustrações coloridas. Muitos deles, principalmente no caso asteca, foram escritos durante o período colonial e tinham como finalidade preservar sua memória.

Além desses relatos, utilizamos textos de europeus que viveram na América e de americanos que se aculturaram, como é o caso do inca Garcilaso de la Vega, filho de um capitão espanhol e de uma mulher inca de sangue real, que, depois de abandonar a carreira militar e a vida na Corte espanhola, tornou-se religioso e passou a dedicar-se à produção literária sobre a América.

Também podemos conhecer aspectos do modo de vida de algumas dessas culturas americanas através dos relatos de viajantes europeus que estiveram na América participando dos processos de conquista e colonização. Nos séculos XVI e XVII muitos europeus, fascinados e surpresos pela diversidade e pelas diferenças que encontraram no Novo Mundo, registraram, com riqueza de detalhes, o que viram e sentiram.

Diferentes motivos trouxeram esses homens à América. Muitos eram navegadores e aventureiros, outros religiosos ou comerciantes. Utilizamos seus relatos considerando as regiões da América onde estiveram e buscamos selecionar em seus registros as descrições que nos permitissem conhecer aspectos do modo de vida das populações nativas, sem as comparações com o mundo europeu, tão frequentes nos escritos daquela época.

Cristóvão Colombo foi o primeiro desses cronistas e nos deixou registros sobre os grupos caribes das ilhas antilhanas. Outro cronista importante foi Álvar Núñez Cabeza de Vaca, que realizou duas grandes viagens pela América do Norte (entre a Flórida e o México) e pela região do rio da Prata, na América do Sul. A expedição de Fernão de Magalhães também deixou, através do relato de Antonio Pigafetta, alguns registros sobre as populações do extremo sul do continente, por ele batizadas de patagões. Hans Staden foi aprisionado pelos índios tupinambás na região de Bertioga, no litoral de São Paulo, em meados do século XVI, e deixou um riquíssimo registro do cotidiano desse grupo, acompanhado de desenhos. Outros grupos tupis também foram observados por Gabriel

Soares de Souza, emissário do rei de Portugal, e pelo francês Jean de Léry, integrante de uma missão comercial francesa ao Rio de Janeiro na segunda metade do século XVI.

Religiosos como frei Bernardino de Sahagún e Diego de Landa, que estiveram na região do Yucatán, tiveram contato com os códices maias e astecas e elaboraram importantes relatos sobre a história e os costumes das populações mexicanas. Utilizamos também os registros feitos por líderes militares que participaram do processo de conquista, como é o caso de Hernán Cortez, que descreveu o império asteca, e Pedro Pizarro, um dos líderes da conquista do império inca, no Peru.

Esses homens registraram suas impressões e sensações do Novo Mundo em seus diários de viagens, cartas, relatórios oficiais enviados aos reis europeus, estudos científicos, sermões e desenhos, que hoje representam um vasto e rico material para estudo.

Apesar de a maior parte da documentação utilizada ter sido produzida nos séculos XVI e XVII, usamos também alguns documentos importantes produzidos mais tarde, nos séculos XVIII e XIX. Esse é o caso do diário do missionário Joseph Sanchez Labrador, que viveu na região da Patagônia e registrou com detalhes o cotidiano dos índios tehuelches. O mesmo fizeram vários europeus que visitaram a América em missões científicas, como Charles Darwin, que passou pela mesma região da Patagônia; exploradores ingleses que estiveram no Ártico; e integrantes da missão francesa que viajou pelo Brasil, como Jean-Baptiste Debret, que, além dos relatos detalhados, deixou valiosos desenhos.

Este livro

Este livro trabalha com a história dos povos americanos, buscando mostrar os aspectos culturais mais significativos. Tomamos como ponto de partida o processo de ocupação do continente pelos primeiros grupos humanos de que temos notícia através dos sítios arqueológicos. Acompanhamos a formação de diversos modos de vida, considerando as diferenças regionais de clima e recursos disponíveis para a sobrevivência, que acabaram por determinar a convivência de grupos em diferentes estágios de desenvolvimento cultural. Além disso, podemos perceber as transformações que foram ocorrendo nesses modos de vida ao longo dos séculos.

A partir da chegada dos europeus e do processo de conquista e colonização por eles iniciado, as identidades culturais americanas começaram a se perder por todo o continente. Entretanto, esse processo de perda de identidade não ocorreu ao mesmo tempo em todas as regiões nem de uma hora para a outra.

A proposta deste livro é trabalhar com os povos americanos antes do início desse processo de aculturação, independentemente de quando ocorreram os contatos com os europeus ou seus descendentes. Assim, pudemos trabalhar com documentos dos séculos XVI e XVII, e com outros do século XIX, dependendo de quando teve início a descaracterização cultural desses povos.

Para construirmos a história de tantos e tão diferentes povos, optamos por separá-los de acordo com a região e o tipo de ambiente natural em que viveram, buscando identificar traços em suas culturas que nos permitissem aproximá-los, já que não seria possível conhecer todos eles em suas particularidades. Tomamos como base o modelo teórico proposto pela antropóloga Betty Meggers, em seu estudo sobre a América pré-histórica, e organizamos as sociedades americanas em três grandes grupos: os caçadores e coletores; os agricultores de florestas tropicais; e as grandes civilizações agrícolas.

Séculos de dominação

O processo da conquista europeia e os vários séculos de colonização provocaram a perda de grande parte dos vestígios materiais e dos registros feitos pelas populações americanas e, em muitos casos, a eliminação de povos inteiros e a destruição completa de suas culturas. Outros povos, cujas tradições eram transmitidas oralmente, por não terem escrita, perderam sua identidade cultural no contato com os europeus colonizadores, dificultando o trabalho do historiador para a reconstrução de sua história.

Ao longo dos quinhentos anos de dominação europeia na América, o processo de destruição cultural das populações nativas tem sido constante. Ainda hoje encontramos regiões do continente que estão sendo "desbravadas" pelos chamados "homens brancos", com o uso de violência contra as populações indígenas, reproduzindo a prática mais usada desde o século XV. Outra forma de destruição cultural tem sido a aculturação de grupos que incorporam valores das culturas brancas, perdendo suas explicações de mundo e rompendo os vínculos históricos com suas culturas.

O caso dos caiapós — índios que vivem na Amazônia brasileira (PA) —, que estão derrubando a floresta para exportar madeira nobre, acumulando enormes fortunas em dinheiro e bens como aviões e mansões, é um exemplo desse processo de aculturação. Aos poucos os caiapós estão perdendo sua identidade comunal, à medida que se criam grandes desigualdades sociais nas aldeias. Seus primeiros contatos com brancos ocorreram na década de 50 do século passado, e hoje esses índios estão ajudando a destruir o que até então era seu maior bem: a floresta de onde sempre tiraram os gêneros necessários à sua sobrevivência e que identificavam com suas divindades.

A perda da memória das populações americanas e a consequente perda de suas identidades nos remetem de volta à questão de sua origem e desenvolvimento. À luz da arqueologia, hoje podemos reconstruir nossas identidades enquanto americanos, identificando as heranças desse passado indígena.

PARTE II

Documentando a diversidade cultural

CAPÍTULO 1

O povoamento do continente

O processo de povoamento do continente americano ainda não é completamente conhecido. Desde o século XV, quando os primeiros europeus tiveram contato com as populações nativas, a questão vem sendo exaustivamente discutida pelos estudiosos, que levantaram muitas hipóteses para tentar elucidá-la. Desde o século XIX, com a sistematização dos estudos arqueológicos, e especialmente a partir do início do século XX, com o desenvolvimento de técnicas de datação de material orgânico que permitem uma definição mais precisa de sua idade, essas hipóteses foram ganhando maior precisão.

Desde que chegaram à América, os europeus com frequência associaram sua população às explicações fantásticas que usaram ao se referir à origem do próprio continente. A América muitas vezes foi identificada com o paraíso terrestre, ao mesmo tempo em que sua população era tida como selvagem e monstruosa, com hábitos considerados bárbaros — como a antropofagia* —, os quais, para os homens do século XV, só podiam ser explicados como sendo obra do diabo. Não havia, por parte dos europeus, nenhum interesse em conhecer ou compreender essas culturas em sua diversidade e em suas particularidades. A referência do olhar sobre a América foi sempre o padrão cultural europeu.

O contato mais estreito com as populações americanas ao longo do período de conquista e colonização, especialmente nas missões catequizadoras, acabou gerando outras explicações para a origem do homem americano, que passou a ser visto como descendente de populações europeias ou orientais já conhecidas. Essa era uma tentativa de aproximação cultural na busca de algum tipo de compreensão mais "racional" de suas culturas, embora ainda não houvesse uma preocupação em conhecer a história dos povos americanos e se mantivesse a cultura europeia como padrão.

Hipóteses e teorias

A partir do século XVIII, a arqueologia e o gosto pelo passado de povos ditos exóticos ganharam força entre a intelectualidade europeia e tiveram início as primeiras escavações arqueológicas na América. Nessa época surgiram as primeiras explicações que buscavam recuperar a origem das distintas populações americanas e explicar a diversidade cultural revelada pelo material arqueológico encontrado nas diferentes regiões estudadas. Diversas teorias foram sendo elaboradas, partindo de pressupostos bem variados: muitos estudiosos sustentaram a ideia de que o continente teria sido povoado por uma população autóctone*, ideia desenvolvida por pesquisadores argentinos na passagem do século XIX para o XX a partir do estudo de uma série de crânios que eles supuseram fossilizados; também se discutiu a hipótese de que grupos teriam imigrado da Oceania e da Polinésia, navegando pelo oceano Pacífico e dando origem às populações da costa ocidental do continente.

A descoberta, na década de 20, de pontas de projéteis típicas do Paleolítico* asiático na América do Norte provocou mudanças significativas na condução das pesquisas arqueológicas. As pontas de Folsom, como ficaram conhecidas, atestavam uma relação entre as populações siberianas e os primeiros habitantes da América e permitiram a formulação da hipótese de que esses homens teriam uma origem asiática.

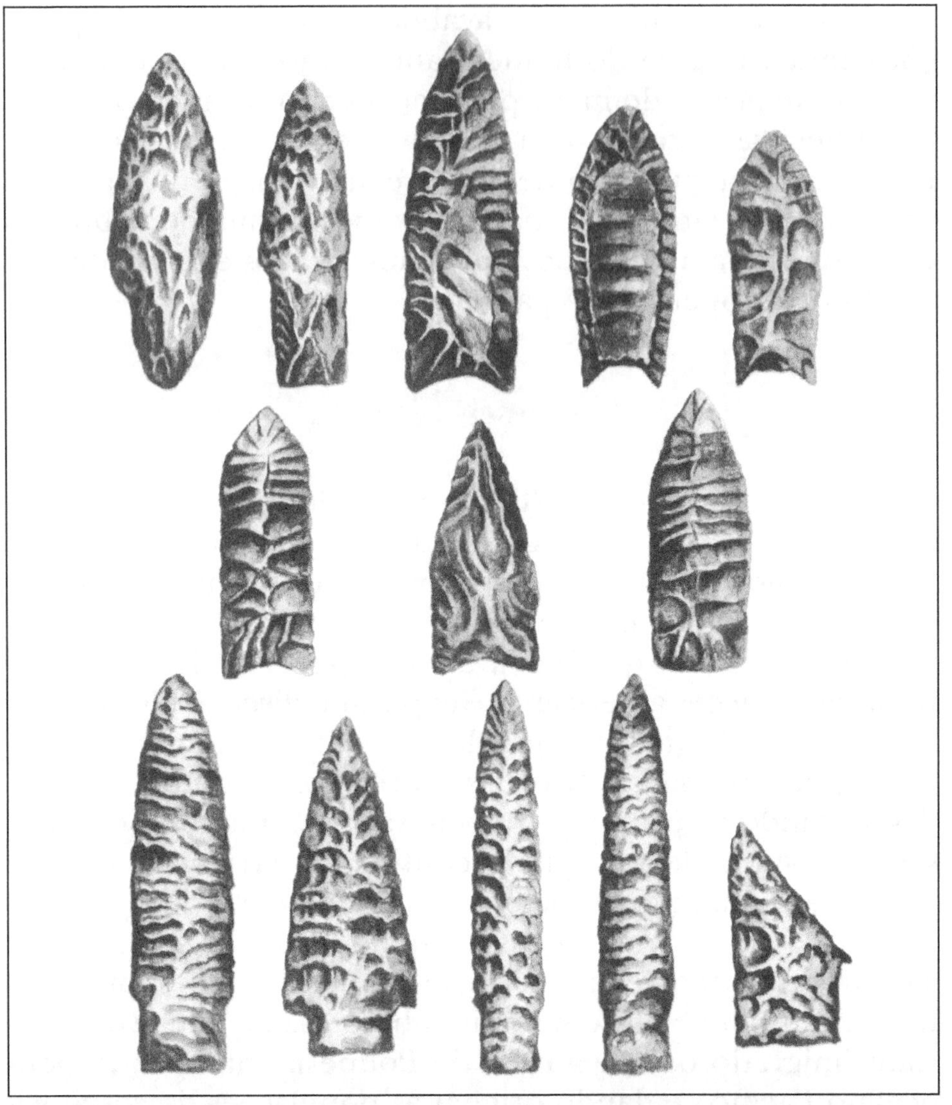

Pontas de projéteis típicas dos caçadores de grandes mamíferos, classificadas a partir dos diferentes trabalhos de lascamento. Foram encontradas no sítio arqueológico de Clóvis, na região sul da América do Norte. (P. Bosch Gimpera, 1967.)

Os estudos seguintes, incorporando as pesquisas geológicas das eras glaciais, levaram à formulação da teoria de Bering, segundo a qual a ocupação do território americano foi feita em etapas e a chegada dos primeiros grupos deu-se através do estreito de Bering. Durante uma das glaciações*, épocas em que o nível do mar baixava cerca de 50 metros, ali se estabelecia uma espécie de "ponte terrestre" ligando a Sibéria asiática e o Alasca americano, por onde teriam chegado os primeiros grupos humanos à América. Sabemos através da geologia que a mais antiga "ponte" existiu entre 50 000 e 40 000 anos atrás e foi usada por grandes mamíferos que migraram da Ásia para as Américas; e que, após um intervalo de aproximadamente 12 000 anos, a ponte reapareceu entre 28 000 e 10 000 anos atrás. Embora essa teoria tenha tido uma grande aceitação entre os estudiosos da América e seja, ainda hoje, aceita pela maioria deles, ainda não foi possível determinar com certeza a cronologia do uso humano dessa passagem.

Ainda segundo a teoria de Bering, também o deslocamento dos homens em direção ao hemisfério sul do continente esteve ligado às condições geológicas: imensas geleiras recobriram a região da baía de Hudson, na América do Norte, do Pacífico ao Atlântico, entre 27 000 e 12 000 ou 13 000 anos atrás, bloqueando a passagem, o que indicaria que a ocupação da América do Sul é posterior a essa data. Tem sido muito difícil estabelecer uma cronologia desses deslocamentos em direção ao sul do continente, já que as datações dos sítios arqueológicos variam muito e nem sempre os estudiosos concordam na sua aceitação.

Recentes descobertas feitas no Piauí colocaram novamente em discussão a questão do processo de ocupação do continente e a teoria de Bering. A datação dos sítios de São Raimundo Nonato, encontrados na década de 60, recuaria a ocupação da América do Sul para algo em torno de 50 000 anos atrás, conflitando com a teoria de Bering, embora as pesquisas feitas na região ainda não tenham explicações sobre a origem desses homens. Naquela região foram encontradas muitas cavernas repletas de pinturas rupestres que retratam cenas de caçadas de animais típicos da região, cenas familiares e de agrupamentos sociais maiores, juntamente com vasto material arqueológico que indica a ocupação humana dessas cavernas. Esse material vem sendo estudado por um grupo de arqueólogos franceses e brasileiros coordenados pela arqueóloga brasileira Niéde Guidon, desde 1973. As datações ali obtidas e as hipóteses levantadas vêm gerando muitas polêmicas e tem sido difícil sua aceitação entre os pesquisadores internacionais.

Niéde Guidon declarou em 1990:

> *[...] a teoria [de Bering] já está em cheque, porque a datação de 48 000 anos que obtivemos é absolutamente certa. Não há erro possível: o homem estava em São Raimundo Nonato há pelo menos 50 000 anos. As datas antes calculadas para essa entrada variavam entre 30 000 anos, a mais antiga, e 15 a 12 000 anos, as mais recentes. É preciso considerar também que a chegada ao Brasil e a colonização do continente deve ter sido um processo lento e que deve ter levado no mínimo 70 000 anos. Uma hipótese com que trabalhamos é que a América tenha sido colonizada por diferentes vagas populacionais, o que, em parte, explicaria as diferentes datações obtidas.*
>
> *[...] É possível que o homem antigo tenha chegado à América por Bering, já que o mar naquele ponto é muito raso e nos períodos de glaciação pode ter baixado ainda mais, transformando o estreito numa planície, mas pode ter havido outras passagens. Outra hipótese é que o estreito de Bering tenha estado a seco diversas vezes e que a passagem tenha ocorrido em mais de um momento. [...]*
>
> *De fato, temos dados, não uma teoria. A única certeza é que o homem estava em São Raimundo Nonato há 50 000 anos. A partir daí, temos apenas mais pesquisas a fazer.*

Com relação às novas teorias que estão sendo desenvolvidas com as pesquisas realizadas no Piauí, a arqueóloga faz importantes considerações, que revelam o caráter dinâmico das descobertas arqueológicas:

[...] estamos iniciando uma análise comparativa da arte rupestre encontrada no Piauí e em Pernambuco, para obter informações sobre as possíveis migrações do homem antigo. Pretendemos também comparar escavações feitas no Rio Grande do Norte, Minas Gerais e outros estados com as nossas, para estabelecer essas relações. Conforme forem se afinando os dados sobre a evolução do clima, do nível do mar, da paisagem do Nordeste e das migrações do homem antigo, poderemos, talvez, arriscar uma teoria. E não será a única. Certamente surgirão outras, pois esse é o processo natural da ciência.

(*Ciência Hoje*, vol. 12, nº. 69, p. 51-2.)

Quando e onde viveram os primeiros americanos?

Os deslocamentos pelo continente e os processos de adaptação às diferentes condições do meio ambiente deram origem a uma grande variedade de culturas por toda a América. Ao longo de milênios inúmeras culturas foram se desenvolvendo e modificando, seja pelas necessidades de novas adaptações ambientais, seja pelos contatos travados em guerras, conquistas ou trocas comerciais.

Acompanhe no quadro a seguir a cronologia do desenvolvimento histórico dos primeiros grupos americanos. Procuramos organizá-los de acordo com as regiões do continente, localizando as principais culturas e civilizações que ali se desenvolveram. Assinalamos o período de duração de cada cultura a partir das datações arqueológicas de seus vestígios.

Através da legenda identificamos os diferentes modos de vida que se desenvolveram pelo continente. Para facilitar a compreensão do quadro cronológico, acompanhe o mapa da página 19, no qual esses modos de vida aparecem localizados no território.

Quadro cronológico dos primeiros povos americanos

Regiões, culturas e civilizações	Tempo de duração															
	a.C.													d.C.		
	entre 50000 e 20000	entre 20000 e 15000	entre 15000 e 10000	entre 10000 e 8000	entre 8000 e 6500	entre 6500 e 4500	entre 4500 e 3500	entre 3500 e 2500	entre 2500 e 2000	entre 2000 e 1500	entre 1500 e 1000	entre 1000 e 500	entre 500 e 0	entre 0 e 500	entre 500 e 1000	entre 1000 e 1500
Brasil:																
Piauí	C	C	C	C	C	C	C	C								
Lagoa Santa (MG)		C	C	C	C											
Litoral da região Sul (sambaquis)						C	C	C	C	C	C	C	C			
Cultura marajoara								A	A	A	A	A	A	A	A	A
Tupis-guaranis											A	A	A	A	A	A
Patagônia:																
Tehuelches da Terra do Fogo				A	A	A	A	A	A	A	A	A	A	A	A	A
Andes:																
Tiahuanaco														G		
Incas																G
Península de Yucatán (México):																
Teotihuacán												G	G	G	G	
Astecas																G
Maias													G	G	G	G
Ártico:																
Esquimós							C	C	C	C	C	C	C	C	C	C
Costa do Pacífico:																
Sambaquis						C	C	C	C	C	C					
Pradarias norte-americanas:																
Paleoíndios*/caçadores de megafauna			C	C	C	C										

LEGENDA	
C	Caçadores e coletores
A	Agricultores de florestas tropicais
G	Grandes civilizações agrícolas

Neste mapa podemos observar as regiões em que se desenvolveram as primeiras culturas americanas. De acordo com as condições climáticas, de relevo e de vegetação, surgiram diferentes formas de relacionamento com a natureza, que deram origem a diversas culturas.

À medida que se espalhavam por todo o continente, os homens americanos foram desenvolvendo diferentes modos de vida, dependendo das características dos lugares em que viviam. As condições de caça, pesca, coleta de frutos e raízes e o desenvolvimento das atividades agrícolas possibilitaram o surgimento de uma grande variedade cultural.

Organizamos essa grande e diversificada população de acordo com as formas de adaptação que foram sendo criadas nos diferentes ambientes. Buscamos saber como cada um desses grupos desenvolveu seu modo de vida, e para isso selecionamos as culturas mais significativas de cada região. Podemos então saber um pouco como foram solucionadas as questões mais cotidianas de alimentação, moradia, vestimenta; como eram suas crenças religiosas, suas cidades; como organizaram seus governos; e como aproveitaram as experiências de povos vizinhos ou anteriores.

CAPÍTULO 2

Povos caçadores e coletores

Sabemos que os primeiros homens que habitaram a América subsistiam à base de plantas e animais selvagens. Viviam em pequenos bandos, nos quais os homens eram principalmente caçadores e as mulheres coletavam plantas comestíveis e eram responsáveis pelas tarefas domésticas. Ao longo de todo o continente encontramos vestígios desses caçadores de grandes mamíferos, como bisões e preguiças-gigantes. Esses grupos fabricavam instrumentos de pedra, bastante rudimentares, destinados a múltiplos usos, como cortar, raspar e bater, que eram jogados fora logo após o término da tarefa. Os produtores desses instrumentos de pedra ficaram conhecidos como paleoíndios por fabricarem instrumentos semelhantes aos do Paleolítico asiático e africano.

A principal fonte de estudo desses grupos são as pontas de projéteis feitas de pedra e trabalhadas de forma semelhante em diversas regiões. Os instrumentos desenvolvidos por esses caçadores destinavam-se à caça de animais de grande porte, como mamutes, cavalos, camelos e espécies de bisão, que haviam se tornado a principal fonte de sobrevivência dessas populações.

À medida que se espalhavam pelo território, os diversos grupos foram desenvolvendo novas formas de subsistência, podendo assim iniciar um processo de fixação em algumas áreas do continente. As diferenças naturais existentes entre regiões da América provocaram um processo de adaptação diversificada a partir das necessidades impostas pelo meio ambiente, dando origem a culturas bastante distintas.

Habitantes de cavernas

Os vestígios mais antigos de moradia humana, ainda que temporária, são os abrigos sob rochas, bastante conhecidos por suas pinturas rupestres. Podemos classificar esses abrigos em dois tipos básicos: abrigos residenciais, cuja ocupação era mais permanente, e os acampamentos, ocupados temporariamente por grupos de caçadores-coletores. Nesses acampamentos encontra-se uma grande quantidade de instrumentos líticos*, como pontas de projétil e raspadores.

Duas pinturas rupestres típicas do período paleoíndio, representando cenas de caçada. A de cima foi encontrada no Peru e a do lado nos Estados Unidos. (Betty J. Meggers, América pré-histórica, *p. 31.)*

Os abrigos sob rochas, como grutas, cavernas e lajes naturais, foram utilizados pelos homens americanos ao longo de milhares de anos. Num mesmo abrigo encontramos vestígios de ocupação de várias gerações e através deles podemos acompanhar as transformações ocorridas em seu modo de vida. As pinturas rupestres constituem os vestígios mais visíveis da ocupação humana desses abrigos, mas não os únicos. Constatada a presença humana nesses locais, os trabalhos de escavação têm revelado um abundante material arqueológico, como utensílios de pedra lascada, armas, adornos, fogões rústicos e, em alguns casos, utensílios de cerâmica e cestaria.

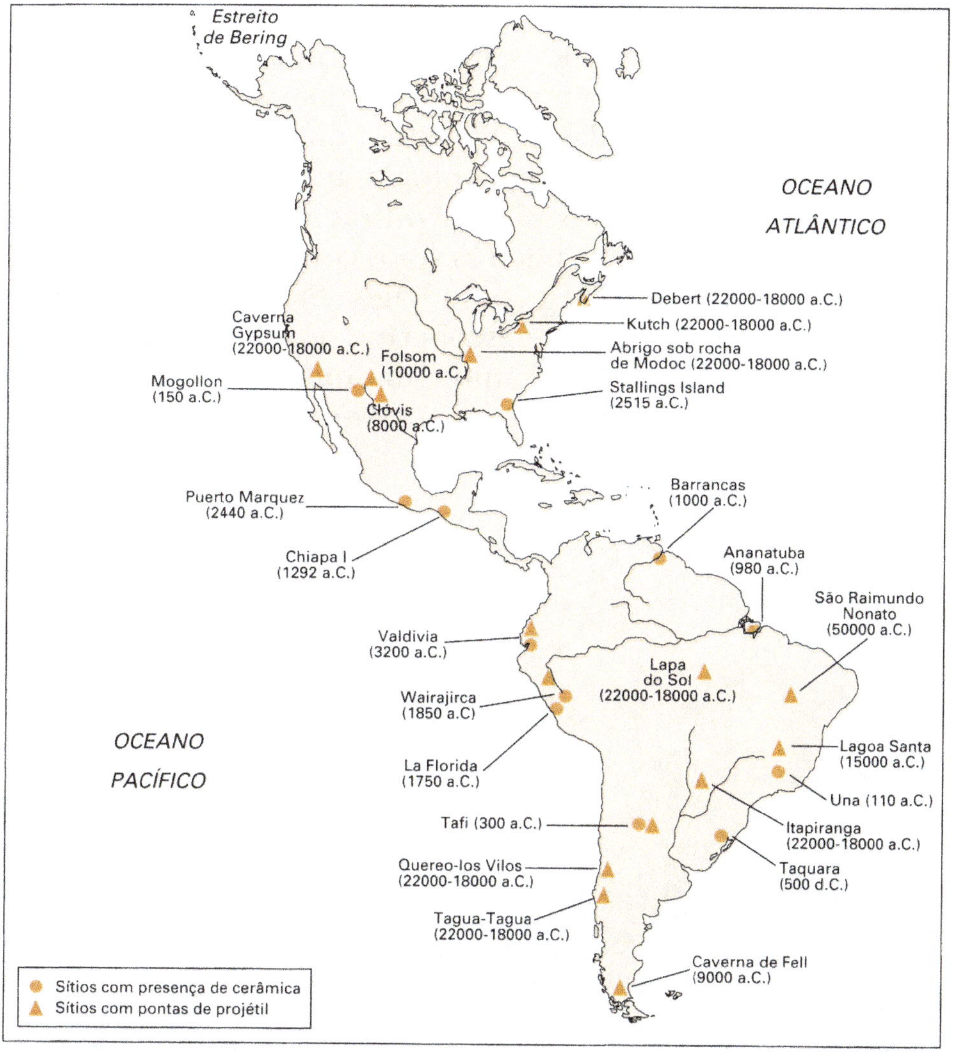

Principais sítios arqueológicos americanos.

Espalhados por todo o continente, esses abrigos hoje constituem sítios arqueológicos importantíssimos, por revelarem aspectos do cotidiano, como o uso de cerâmica, restos de alimentos, sepulturas dos mortos e seus ritos funerários. Muitos desses abrigos guardam, em suas paredes, pinturas que trazem imagens do cotidiano ou de cerimônias. Algumas retratam figuras humanas, animais de caça, plantas e objetos e outras reproduzem cenas de caça, coleta de alimentos, danças e guerras.

Os temas e as cenas representadas nessas pinturas se repetem, e muitas vezes encontramos semelhanças notáveis entre figuras de localidades muito distantes. É o caso, por exemplo, de pinturas com cenas de caçadas de guanaco* encontradas no sul do Peru, muito semelhantes às encontradas no sul da Argentina.

No Brasil, as pinturas são encontradas em diferentes regiões do território. Os primeiros sítios com pinturas rupestres foram encontrados na região de Lagoa Santa, em Minas Gerais. Depois foram sendo descobertos novos exemplares no Paraná, no Piauí, em São Paulo e em outras regiões. São comuns as figuras de animais como cervos, pintados em vermelho e negro, peixes, pássaros, aves, como emas, além de homens sozinhos ou em grupos.

Aureliano Müller/Folhapress

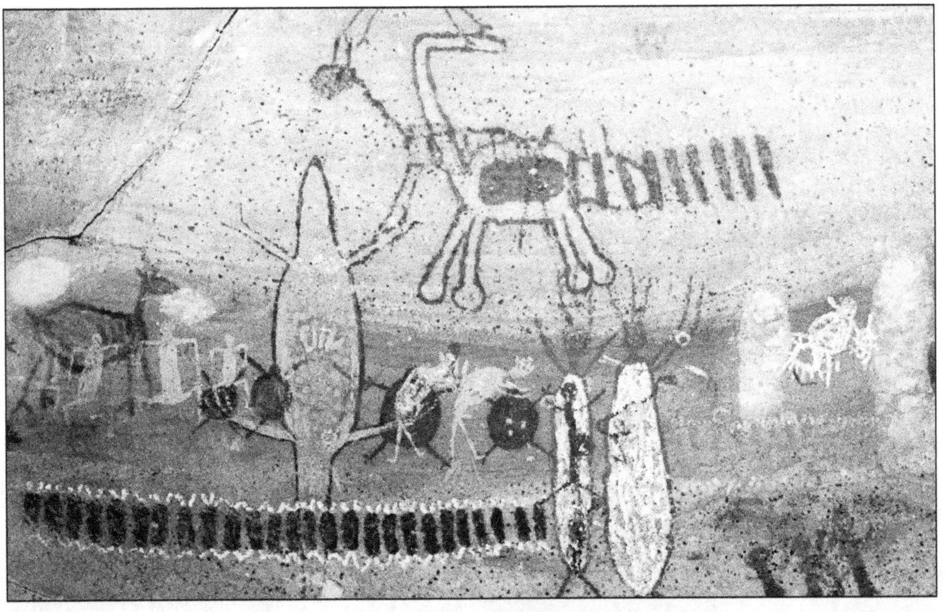

Aureliano Müller/Folhapress

Ricardo Azoury/Pulsar Imagens

Pinturas rupestres do Parque Nacional da Serra da Capivara/Piauí.

A arqueóloga Niéde Guidon afirmou sobre essas figuras:

> *Como todos os povos, os antigos habitantes de São Raimundo Nonato deixaram vestígios de suas crenças, crônicas sociais e diárias. No caso, esses vestígios ficaram registrados nas pinturas rupestres, cujos primeiros traços — manchas disformes e tímidas — foram pintados com pigmento mineral vermelho há 32 000 anos. A arte figurativa só veio aparecer 12 milênios atrás, com representações de plantas, figuras humanas, objetos feitos pelo homem, figuras geométricas de significado ignorado, e desenhos de capivaras, siriemas, onças, tatus e cervídeos. Algumas pinturas mostram cenas de caça, combates, lutas individuais, execuções, relações sexuais — algumas caracterizadas pela presença de um observador — e partos. Outras representam cerimônias de significado ignorado, nas quais veem-se homens ornados com grandes cocares de penas; filas de pessoas comandadas por um tocador de trompa e figuras com maracás (instrumentos chacoalhantes) nas mãos.*
>
> (Niéde Guidon, *Pré-História no Piauí,* 1990.)

Conforme os abrigos sob rochas foram sendo ocupados de forma mais permanente, os instrumentos fabricados pelos grupos que os habitavam sofisticaram-se quanto às técnicas e matérias-primas empregadas e passaram a ter maior durabilidade, deixando de ser descartados após o uso. A principal transformação nesse sentido foi o desenvolvimento da cerâmica, que em épocas diferentes difundiu-se por todo o continente e deixou importantes vestígios dentro das cavernas.

Inicialmente esses povos primitivos faziam peças simples, sem decoração nenhuma, estreitamente ligadas à sua utilidade doméstica. Com o passar do tempo eles desenvolveram técnicas mais sofisticadas de fabricação, dando maior resistência às peças, e passaram a decorá-las com figuras e traços geométricos.

A prática de decoração da cerâmica espalhou-se pelo continente, marcada pelo desenvolvimento de padrões de estilo que permitem identificar e diferenciar as culturas que as fabricaram. Alguns arqueólogos trabalham com a comparação de padrões de diferentes áreas e observam semelhanças entre áreas longínquas, que podem indicar a existência de contatos entre culturas diferentes. Esses contatos podem ter acontecido através de migrações, guerras e dominação ou de trocas de produtos entre os grupos.

Aos poucos os abrigos sob rochas foram sendo abandonados e substituídos por moradias construídas pelos homens. Soluções diferentes foram testadas e muitas vezes o resultado nos surpreende por sua criatividade. Um bom exemplo é a cultura Anasazi, que ocupou a região do Novo México, no sul dos Estados Unidos, aproximadamente entre 200 e 1300 d.C. As primeiras aldeias eram formadas por casas semissubterrâneas, construídas com vigas de madeira que sustentavam telhados de terra, dentro de cavernas. Ao longo do tempo as casas subterrâneas foram substituídas por construções de vários pavimentos, ainda abrigadas pelas paredes de pedra das cavernas.

Coletores de moluscos

Também ao longo do litoral, grupos de coletores de moluscos foram se fixando, à medida que se especializavam nesse tipo de atividade. Esses grupos que viviam à beira-mar se estabeleciam em regiões onde os peixes e os moluscos eram abundantes e permaneciam num mesmo local enquanto as condições de pesca ali fossem favoráveis, o que podia durar milênios em alguns casos.

As conchas acumulavam-se, formando montanhas que se sedimentaram com o tempo, sobre as quais essas populações estabeleciam suas vidas, construindo suas casas e ali enterrando seus mortos. Esses sítios arqueológicos são hoje genericamente conhecidos como *sambaquis*, palavra de origem tupi-guarani, formada a partir de *tambá* (concha) e *ki* (depósito). Dependendo de sua localização e do tipo de material que contêm, esses sambaquis recebem denominações diferentes, como concheiros, casqueiros, berbigueiros e ostreiras.

Esses sítios arqueológicos do litoral revelam aspectos da vida cotidiana por serem formados a partir de restos de animais (carapaças de moluscos, pinças de crustáceos, como caranguejos, e fragmentos ósseos de peixes e animais terrestres), esqueletos humanos, artefatos de pedra, osso, concha e cerâmica, e vestígios de fogueiras.

*Esqueleto de adulto feminino encontrado em sambaqui no litoral do Rio de Janeiro. O sepultamento dos mortos era feito junto aos restos de moluscos que formavam os concheiros. (*Ciência Hoje*, nº 33, p. 52.)*

Grandes sambaquis foram encontrados nas costas do Peru, Chile, sul do Brasil e sudeste dos Estados Unidos e comprovam a presença humana nessas regiões desde 5000 a.C., aproximadamente. Com essa mesma datação, temos alguns exemplos de sambaquis de água doce no rio Tennessee, EUA.

Essas áreas continuaram a ser ocupadas nos milênios seguintes. As várias camadas de sedimentos* desses sambaquis nos revelam as transformações culturais dessas populações, associadas às modificações da paisagem natural. Sabemos através deles, por exemplo, que a partir do início de nossa era, no litoral do Rio de Janeiro, foi introduzido o uso da cerâmica, até então desconhecido.

O crescimento populacional acabou por provocar um esgotamento dos recursos marinhos e o consequente abandono dessas áreas. Aos poucos as populações litorâneas foram desenvolvendo novos modos de vida e buscando outras regiões para se estabelecer.

Desafios à sobrevivência humana

Ao longo do continente existem diversas áreas onde a sobrevivência humana é bastante dificultada pelas condições naturais. São regiões semidesérticas ou geladas, impróprias para a agricultura e que ainda assim foram ocupadas por grupos humanos, que nelas se estabeleceram e desenvolveram modos de vida que se diferenciam muito das outras culturas americanas por apresentarem soluções originais para os problemas de moradia, vestuário e alimentação.

Podemos identificar no continente três grandes regiões que — ou por serem muito áridas, ou por serem terras geladas — ofereceram grandes desafios à sobrevivência humana: a costa árida do Pacífico, que se estende da América do Norte ao Chile, as regiões semidesérticas no Canadá e na Patagônia e as terras geladas do Ártico. De maneira geral, as culturas que se desenvolveram nessas áreas pouco se transformaram ao longo do tempo, mantendo aspectos de seu modo de vida já presentes em vestígios arqueológicos muito antigos. Muitas delas chegaram a ser conhecidas e registradas por homens dos séculos XIX e XX, como é o caso de alguns grupos esquimós da Groenlândia e dos selknans da Terra do Fogo, que ao serem fotografados nas primeiras décadas do século passado revelaram traços de uma cultura muito antiga.

Os povos do Ártico

Por viverem numa região gelada, onde as condições naturais eram desfavoráveis à prática da agricultura, as populações árticas tiveram um desenvolvimento cultural específico, baseado sobretudo na vida em comunidades e na cooperação. O trabalho era realizado por todos e seus frutos, partilhados com todo o grupo. As dificuldades de sobrevivência acabaram fazendo com que a vida fosse organizada em pequenos grupos unidos por laços familiares, nos quais a sabedoria dos mais velhos tinha um grande valor, e cabia aos anciãos a liderança dos grupos.

Apesar das dificuldades impostas pelo frio intenso, a região tinha uma fauna relativamente rica e variada, com suas focas, baleias, ursos-polares, caribus*, vacas-marinhas, pequenos animais, pássaros e peixes, permitindo a caça e fornecendo matéria para a produção de instrumentos de trabalho e outros destinados a confecções de roupas e habitações.

Segundo a antropóloga Betty Meggers, "este ambiente único e exigente, que se estende por cerca de 4800 km do estreito de Bering à Groenlândia, é ocupado pelos esquimós, que diferem racial, cultural e linguisticamente dos outros habitantes do Novo Mundo. Suas raízes culturais parecem se originar da Tradição Ártica de Instrumentos Pequenos que apareceu na região do estreito de Bering após 5000 a.C. O nome origina-se do pequeno tamanho do instrumental lítico característico, que foi produzido por lâminas de fino lascamento de pressão".

Os primeiros vestígios da cultura esquimó encontram-se na região do mar de Bering e indicam que os primeiros homens que se estabeleceram nas terras geladas do Ártico não possuíam habitações permanentes. Garantiam os recursos para sua sobrevivência com a caça de mamíferos marinhos no verão, e no inverno os grupos buscavam refúgio no interior, em locais mais abrigados, onde era possível a caça do caribu.

As primeiras evidências de habitações permanentes dos esquimós situavam-se próximas ao litoral sul do mar de Bering, e foram feitas no primeiro milênio a.C. Eram casas retangulares com chão de pedra e paredes de madeira, medindo cerca de 6 por 6 metros.

Ao longo do tempo os agrupamentos foram se espalhando por toda a região, ocupando todo o norte do Canadá e as regiões do Alasca e da Groenlândia. Surgiram então as primeiras aldeias na região do Alasca, algumas delas reunindo seiscentas casas organizadas em uma série de filas com mais de um quilômetro de comprimento. As casas mediam de 3 a 6 metros quadrados e possuíam paredes e tetos feitos de madeira e terra socada.

Em 1818, viajantes ingleses encontraram um grupo de esquimós que ainda não haviam tido contato com outros grupos humanos, por viverem em completo isolamento no extremo norte do Ártico. O relato dessa expedição revela a ocorrência de mudanças significativas das técnicas empregadas nas construções e nas matérias-primas utilizadas:

> *Estas [as suas] casas são inteiramente construídas de pedras, sendo as paredes enterradas três pés na terra e elevadas três pés acima dela. O telhado é na forma de arco e buracos por onde o ar passaria são preenchidos com lama; elas não têm janelas.*
>
> *A entrada é por uma passagem longa, estreita e quase subterrânea. O chão é recoberto por peles, nas quais eles sentam ou dormem. Várias famílias vivem em cada casa e cada uma delas tem uma lâmpada feita de uma pedra oca, suspensa do teto, na qual eles queimam o óleo ou gordura de foca e do unicórnio marinho [narval], usando musgo seco como mecha. Seu fogo é produzido por fricção, ao que nos parece, de ferro e pedra. A lâmpada, que nunca é apagada, serve para iluminar e aquecer, e também para cozinhar.*
>
> *Nós nos certificamos de que eles têm métodos tanto de ferver como de assar ou defumar a carne, ocupações que recaem inteiramente sobre a mulher. Eles comem todo tipo de animal, mas a foca e o unicórnio marinho são os preferidos, por serem mais oleosos e agradáveis ao seu paladar. Cachorros são tam-*

bém apreciados como excelente comida e são criados como gado, assim como para puxar trenós; mas eles são comidos somente no inverno, quando nenhuma outra comida pode ser obtida.

(John Ross, *A voyage of discovery*, 1819.)

Ainda no século XIX, em 1883, outro explorador europeu, chamado Franz Boas, registrou suas observações do Ártico Central, no Canadá. Em seus escritos encontramos a descrição de um novo tipo de habitação — o iglu —, totalmente feito de gelo e com um sistema especial de ventilação que mantém o calor interno e os isola do frio. Ele desenhou um desses iglus que viu na região do estreito de Davis em detalhes:

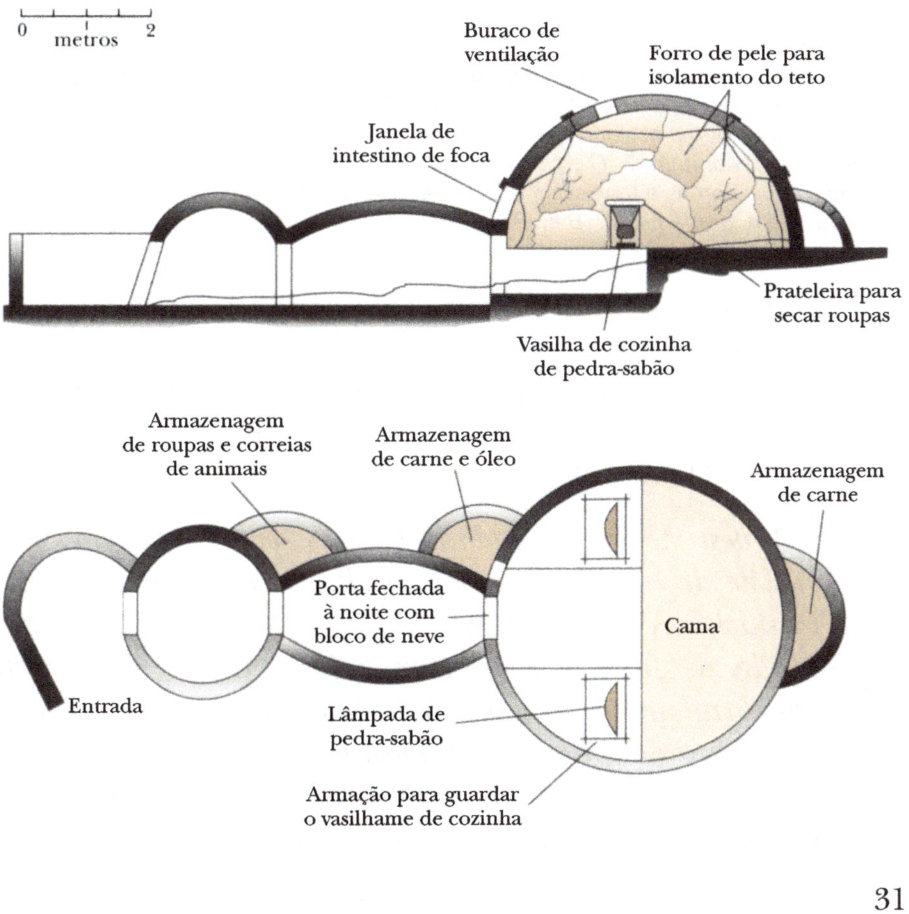

Os iglus eram totalmente construídos com blocos de gelo, e os mais simples, de um compartimento, podiam ser montados em duas horas. Quando eram feitos em estruturas maiores, a abóbada era coberta por peles. As lamparinas sempre acesas, aliadas a um cuidadoso sistema de ventilação que isolava os ventos gelados, garantiam uma temperatura no interior entre 7 °C e 18 °C. Sobre o gelo eram depositadas peles de animais utilizadas como camas e travesseiros, oferecendo conforto para os caçadores que ali se abrigavam temporariamente. (Betty Meggers, op. cit., 1979.)

Não foi só nas moradias que os esquimós desenvolveram meios de isolar os ventos gelados. Por viverem numa região extremamente fria, essas populações necessitavam de um tipo especial de roupa que permitisse a ventilação e ao mesmo tempo mantivesse o corpo aquecido.

> *A vestimenta dos habitantes das terras altas do Ártico consiste de três peças, compreendidas sob o nome geral de "tunnick". A de cima é feita de pele de foca, com o pelo para o lado de fora, e é similar à jaqueta de mulher dos groenlandeses do sul, sendo aberta perto do topo somente, de forma a adaptar-se ao tamanho da face do usuário. Na parte de baixo, é formada como uma camisa, terminando em uma língua na frente e atrás. A parte do capuz é capri-*

chosamente enfeitada com pele de raposa e feita para cair para trás sobre os ombros ou cobrir a cabeça, conforme o caso. A peça de vestimenta seguinte, que quase não chega ao joelho, é também desconfortavelmente pequena na parte de cima; assim, quando a pessoa se inclina, a pele é exposta. Esta é feita de pele de urso ou cachorro e amarrada com um barbante. As botas são feitas de pele de foca, com o pelo para dentro, e as solas são recobertas com couro de leão-marinho; elas vão até acima do joelho, encontrando-se com a parte do meio da vestimenta.

(John Ross, 1819.)

Além das roupas pesadas, era comum a utilização de óleo de baleia para proteger as partes do corpo que não estivessem cobertas, especialmente o rosto. Faziam com esse óleo uma camada espessa que protegia a pele dos ventos frios e que era raspada quando se encontravam dentro de suas casas. A sobrevivência dos esquimós era garantida com a caça de mamíferos marinhos, inteiramente aproveitados para a confecção de suas vestimentas, bem como na alimentação, no transporte e na produção de instrumentos de trabalho.

Sua alimentação era composta basicamente da carne dos animais que caçavam, como focas, leões-marinhos e baleias. As populações do Ártico consideravam as entranhas desses animais um prato muito especial, pois continham peixes, mexilhões e pequenos crustáceos comidos por eles. Outro hábito comum era o chá, que usavam para se aquecer do frio.

As caçadas requeriam longos deslocamentos pelas vastas áreas geladas e pelo mar em busca dos animais. Para agilizar essas viagens, os esquimós desenvolveram meios de transporte adaptados às condições especiais da região em que viviam. Possuíam trenós feitos de couro de foca, com arreios confeccionados com tripas dos animais, e puxados por cachorros; os esquimós da Groenlândia, que não conheciam o cachorro, utilizavam para sua locomoção embarcações feitas de pele, que se deslocavam pela água através de um sistema de boias giratórias feitas de sacos de bexiga de animais.

Povos da Patagônia

Dificuldades semelhantes àquelas encontradas pelos habitantes do Ártico foram enfrentadas pelos povos que se estabeleceram na Patagônia. O extremo sul do continente, com suas baixas temperaturas, aliava áreas semidesérticas e bosques gelados, e os homens que ali viveram, durante muito tempo, mantiveram-se nômades* em busca dos difíceis recursos para sua sobrevivência.

Os vestígios arqueológicos indicam que a façanha de povoar essa região teve início há 12 000 anos, quando os primeiros grupos de caçadores chegaram aos pampas argentinos à procura de guanacos — uma espécie de lhama — e grandes mamíferos, seguindo-os em seus deslocamentos em direção ao sul. Alguns desses grupos devem ter ficado isolados do continente quando, ao fim da última glaciação, o nível dos oceanos subiu, originando a ilha da Terra do Fogo e formando o estreito de Magalhães. Mais tarde outros grupos de pescadores ali chegaram pelo mar e povoaram o extremo sul, nas proximidades do cabo Horn.

Apesar das especificidades culturais de cada um desses povos, podemos identificar traços comuns entre eles. As soluções encontradas para os graves problemas de alimentação, moradia e vestuário podem ser conhecidas através dos vestígios deixados pelos tehuelches que viviam entre os pampas argentinos e o estreito de Magalhães, pelos onas da Terra do Fogo ou pelos grupos de canoeiros nômades do extremo sul, entre o canal de Beagle e o cabo Horn.

As condições de sobrevivência eram muito difíceis naquela região fria, com poucos recursos vegetais e áreas abertas que não ofereciam abrigos naturais aos grupos humanos. As soluções encontradas pelos patagônicos acabaram então durando muito tempo e sofrendo poucas alterações ao longo dos séculos, até o início do século XX, quando a região foi finalmente ocupada pelos homens brancos e os índios foram cruelmente caçados e exterminados como animais.

A descrição feita por Charles Darwin dessas condições naturais tão adversas à sobrevivência humana nos ajuda a formar uma ideia do tipo de cultura que ali se desenvolveu.

> *Estas eram as criaturas mais abjetas e miseráveis que eu contemplei onde quer que seja [...]. Seu país é uma massa fragmentada de rochas rudes, montanhas elevadas e florestas sem uso; e tudo isto é visto através de neblinas e tempestades infindáveis. A terra habitável está reduzida às pedras sobre a praia; na procura de alimentos, eles são incessantemente compelidos a vagar de lugar a lugar. À noite cinco ou seis seres humanos, nus e parcamente protegidos do vento e da chuva deste clima tempestuoso, dormem no chão molhado enrolados como animais. Eles devem se levantar para catar mariscos sempre que a água estiver baixa, seja no inverno ou no verão, seja noite ou seja dia, e as mulheres inclusive mergulham para coletar ovos marinhos ou sentam-se pacientemente em suas canoas e usando uma linha feita de fios de cabelo com uma isca, sem qualquer anzol, pegam pequenos peixes; caso seja morta uma foca, ou encontrada uma carcaça de baleia apodrecida boiando, é uma festa; e este alimento miserável é complementado por umas poucas amoras do mato e fungos insossos.*
>
> (Charles Darwin, *A origem das espécies*, 1832.)

O diário de Antonio Pigafetta, feito durante a expedição de Magalhães, traz uma descrição dos tehuelches, homens altos e magros que impressionaram os pequenos espanhóis:

Um dia, quando menos esperávamos, um homem de figura gigantesca se apresentou entre nós. Estava sobre a areia, quase nu, e cantava e dançava ao mesmo tempo, jogando areia sobre a cabeça. [...] Este homem era tão grande que nossas cabeças chegavam apenas até à sua cintura. De porte formoso, seu rosto era largo e pintado de vermelho, exceto os olhos, que eram rodeados por um círculo amarelo e dois traços em forma de coração nas bochechas. Seus cabelos, escassos, pareciam branqueados por algum pó.

(Antonio Pigafetta, *A primeira viagem ao redor do mundo*, 1522.)

Os povos patagônicos em geral viviam da caça, especialmente do guanaco, mantendo uma vida nômade. Em busca da caça, utilizavam sempre as mesmas rotas, seguindo em geral os cursos dos rios, onde tinham locais já determinados para a construção de seus acampamentos, o que tornava comuns os contatos entre grupos de regiões diferentes. Pigafetta descreveu uma das técnicas que os tehuelches utilizavam em suas caçadas:

Trouxeram quatro animais dos que mencionei [guanacos], atados com uma espécie de cabresto. Mas todos eles eram pequenos, do tipo que usam para atrair os grandes. A tática consiste em atar os pequenos a um arbusto e esperar que os grandes venham para brincar com eles. Aí então os homens, escondidos atrás das árvores, os matam a flechadas.

(Antonio Pigafetta, op. cit., 1522.)

Nas regiões litorâneas a sobrevivência era garantida também através da exploração dos recursos marinhos, com o desenvolvimento da pesca e da coleta de mariscos. Por todas as ilhas da região encontram-se vestígios de grupos que se dedicavam à caça do lobo-marinho, do qual extraíam a carne e a pele, utilizada na confecção de roupas e na construção das embarcações destinadas à pesca.

Da caça esses povos patagônicos extraíam sua alimentação e ainda usavam os couros dos animais para fazer suas roupas e erguer suas moradias. Vejamos uma descrição sobre as técnicas empregadas na construção das casas nas regiões semidesérticas:

> *Das peles [...] fabricam também suas casas. Estas não são outra coisa que umas grandes tendas ou toldos altos, quadrados, e algo arqueados no meio. Para o teto costuram 26 couros de cavalo, deixando o pelo para o lado de fora para que corra a água quando chove. O fio com que os cosem é feito dos nervos e veias dos mesmos cavalos. Do mesmo modo juntam e cosem outros couros para os beirais da casa na qual deixam duas portas, uma ao Oriente e outra ao Poente [...] Estão mantidos estes toldos de paus finos e ao redor pregados e seguros com estacas. [...] É certo que as levam e sem especial fadiga, como se levam tendas de campanha, e toldos. Prevendo estes transportes, descarnam muito bem os couros, os sovam e suavizam deixando-os bem finos; dobram-nos para recolhê-los e as mulheres têm a incumbência de transladá-los de um lugar a outro com todos seus enxovais e utensílios.*
>
> (Joseph Sanchez Labrador, *Los indios pampas, puelches, patagones*, 1772.)

Esses povos do extremo sul do continente passavam a maior parte do tempo nus, mas faziam mantas quadradas com as peles e couros dos animais caçados — especialmente de guanaco —, em que se enrolavam para se abrigar do frio intenso da região. Era comum ornamentarem essas mantas com pinturas ou pedras e conchas, que costuravam na parte externa. O uso dessas peles se dava de forma um pouco diferente de grupo para grupo, ficando o pelo voltado para dentro entre os tehuelches e para fora entre os onas da Terra do Fogo.

Ainda no início do século XX, era possível encontrar populações que mantinham características de sua cultura indígena na Terra do Fogo. Os habitantes da região norte enrolavam-se em peles para se protegerem dos ventos ainda em 1929. Poucos anos depois foram totalmente extintos pelas expedições de caçadores de índios que se organizaram na região desde meados do século XIX. (Hombres del Sur, *Museo Chileno de Arte Precolombino, Santiago de Chile, 1987.)*

Entre os habitantes da Terra do Fogo, os homens dedicavam-se à caça, cabendo às mulheres cuidar das crianças, as tarefas domésticas e transportar as tendas familiares nos longos deslocamentos em busca de caça. Para essas longas caminhadas, a indumentária feminina era completada por mocassins feitos de couro.

A educação das crianças incluía jogos e exercícios de treinamento de caça, e muitas vezes esses jogos se mantinham como diversão entre os adultos, tanto homens como mulheres, como observou Labrador:

> *[...] Outro jogo dos grandes era a bola. Procurarei explicá-lo do melhor modo que puder: Doze ou mais índios se põem em círculo todos nus sem fio de roupa sobre seus corpos, ainda que no rigor do inverno. Dispostos do modo dito, pega um a bola, e fazendo dar um bote, passa-a por entre suas*

pernas às costas de quem está a seu lado: este ao sentir o golpe em suas costas, se volta com rapidez, e pegando a bola de rebote, a faz passar por entre suas pernas, e a arremessa às costas de outro, como fez o primeiro. Deste modo vão passando a bola por entre as pernas de todos, e rebatendo às costas. Se alguém não foi rápido ao virar-se, e receber o bote da bola, para passá-la ao outro, perde seu jogo com festa da partida.

(Joseph Sanchez Labrador, op. cit., 1772.)

Povos das pradarias da América do Norte

Em certas regiões do noroeste dos Estados Unidos e do norte do Canadá, onde o clima semidesértico dificultava muito a sobrevivência humana, também viviam grupos nômades que se dedicavam à caça e à coleta de frutos e sementes, sempre na dependência das estações do ano e das épocas de frutificação das árvores.

Esses grupos deslocavam-se por grandes áreas, seguindo rotas mais ou menos determinadas em busca de alimentos específicos de um lugar ou de uma época do ano. Cabeza de Vaca descreveu hábitos alimentares de grupos shoshones com os quais conviveu na América do Norte:

[...] os índios vieram ao lugar indicado comer aquelas nozes, com as quais se mantinham dois meses do ano, sem comer qualquer outra coisa. As árvores são muito grandes e há inúmeras delas, só que o fruto dá um ano sim, outro não. [...] teria que ficar seis meses entre eles, até que chegasse a época em que iam para outras terras comer tunas. Esta é uma fruta vermelha e negra, do tamanho de um ovo de galinha e de muito bom gosto. Comem estas frutas durante três meses, período em que chegam outros índios para fazer trocas com eles.

(Cabeza de Vaca, *Naufrágios e comentários*, 1546.)

Em muitas áreas do continente, o clima não favorecia a prática de uma agricultura regular, mas oferecia condições de sobrevivência, seja com agricultura periódica, seja através da exploração dos recursos naturais ali existentes — caça, pesca, coleta de frutos e raízes. A região das pradarias da América do Norte, com seus verões quentes e invernos rigorosos, com muita neve, dificultava a prática de uma agricultura regular, tornando nômade a vida dos índios locais. A maior parte dos grupos dedicava-se à caça do bisão, praticada na época do acasalamento, que se dava no final do verão. Nessa época milhares de animais espalhavam-se pelas pradarias e sua caça abastecia os grupos de carne, couro e pele por grande parte do ano.

> *Além de muitos veados, também existe um tipo de vaca por estas terras, [...] Elas se parecem com as que existem na Espanha, tendo porém os chifres menores e o pelo muito comprido e basto como uma manta de lã. Umas são pardas e outras negras. Parece-me que possuem carne melhor e mais farta que as vacas da Espanha e de seus couros os índios fazem mantas para se cobrirem, assim como sapatos. Estas vacas vêm do norte e se espalham por aquelas terras até a costa da Flórida, por mais de quatrocentas léguas. Por todos os vales por que passam, baixam índios para caçá-las.*
>
> (Cabeza de Vaca, op. cit., 1546.)

Os principais grupos de índios das pradarias são os conhecidos cheienes, comanches e sioux. Esses povos nômades construíam habitações transportáveis, feitas de peles de animais sustentadas por galhos de árvores e cujas dimensões variavam de acordo com as regiões, dependendo da vegetação disponível para a confecção da estrutura dos *tipis*, como eram chamados. Do couro dos bisões faziam também suas roupas e proteções para os pés, que podemos considerar uma espécie de sapato.

Com todas as dificuldades de sobrevivência enfrentadas pelos povos das pradarias, por volta do ano 1000 d.C. começou a se desenvolver uma pequena agricultura nas margens das nascentes de água, com o cultivo de milho, feijão e abóbora. Começaram então a surgir aldeias de cabanas feitas de terra, dando origem a uma vida mais sedentária. Os grãos colhidos eram estocados em buracos com forma de sino, feitos no chão. Em alguns séculos essas aldeias começaram a crescer junto com a população. As casas tornaram-se circulares e maiores e as aldeias chegaram a agrupar cinquenta ou mais casas.

Até o início do século XIX as populações norte-americanas mantiveram seu modo de vida praticamente inalterado. A perda de suas identidades culturais teve início no final do século XVIII com a adoção de cavalos e armas de fogo, trazidos pelos colonizadores europeus. As guerras travadas durante a conquista do Oeste iniciada na segunda metade do século XIX provocaram uma grande destruição dessas culturas e a eliminação de grupos inteiros.

CAPÍTULO 3

Agricultores de florestas tropicais

A maior parte da população das Américas vivia nas florestas que recobriam grande parte do continente. Essas florestas, cortadas por grandes rios, tanto na América do Norte quanto na América do Sul, proporcionaram ótimas condições de sobrevivência, já que os recursos naturais eram abundantes e a prática da agricultura facilitada pela grande quantidade de água e de terras férteis.

Os muitos sítios arqueológicos espalhados pelas florestas do continente atestam uma presença muito antiga de grupos humanos vivendo nesse tipo de ambiente. Os principais vestígios são cerâmicas, aterros mortuários* e restos de comida e moradias de épocas muito remotas. Através do estudo desses sítios, podemos identificar aspectos importantes dos modos de vida que se desenvolveram nesse tipo de ambiente e as transformações que sofreram ao longo do tempo.

O desenvolvimento de culturas agrícolas em meio às florestas americanas parece ter tido início por volta de 1200 a.C., com o aparecimento das primeiras aldeias no vale do rio Mississippi, na América do Norte. Alguns séculos depois, na região da ilha de Marajó, no Brasil, também se desenvolveu uma cultura agrícola, famosa por sua cerâmica elaborada — a cultura marajó. Os sítios arqueológicos encontrados por todo o continente revelam que desde o início da era cristã já havia grupos agrícolas e ceramistas espalhados pelas florestas americanas.

Cícero Viegas/Isuzu Imagens

A cerâmica marajoara ornamentada tinha finalidades cerimoniais. As técnicas e a decoração sofisticadas eram utilizadas na produção de urnas funerárias, vasos, jarros e tigelas cerimoniais, além de estatuetas que eram colocadas nas sepulturas, provavelmente como presentes para os mortos. A produção dos utensílios domésticos era feita com técnicas mais simples, sem decoração e com formatos funcionais, adaptados ao uso.*

Além dos grandes agricultores, as florestas americanas abrigavam povos que tinham culturas mais simples. Vivendo no interior, afastados dos grandes rios, em pequenos grupos, garantiam sua sobrevivência através da caça, pesca e coleta de vegetais da própria floresta. Em alguns casos, chegaram a desenvolver uma agricultura rudimentar que fornecia recursos complementares, mas de maneira geral esses povos dependiam da floresta para sobreviver e deslocavam-se continuamente pelo território em busca de alimentos. Pertenciam a uma infinidade de famílias diferentes, com hábitos e línguas distintos e, como não eram sedentários, deixaram pouquíssimos vestígios de sua existência. Cabeza de Vaca, em sua viagem pela América do Norte, encontrou vários desses grupos na costa do golfo do México. Podemos acompanhar a descrição que fez de um grupo que vivia na região da Louisiana:

> *[...] Os habitantes dali são grandes e muito bem-dispostos. Usam por arma apenas o arco e a flecha. As mulheres desempenham os trabalhos mais pesados. Durante o inverno, o único alimento que têm são as raízes, já que a pescaria se*

torna impossível. Mas estas raízes são extraídas somente até dezembro e, quando chega fevereiro, eles precisam ir para outros lugares à busca de alimentos. Nesta ocasião é que as raízes começam a crescer.

(Cabeza de Vaca, op. cit., 1546.)

No mesmo relato sobre essa região, mas já se referindo a outro grupo, Cabeza de Vaca nos fornece alguns detalhes sobre sua vestimenta e sua estrutura social:

[...] Os homens aqui andam nus e as mulheres se cobrem com uns tecidos extraídos de árvores. As moças se cobrem com couro de veado. Não têm um senhor e costumam repartir igualmente entre eles tudo o que têm. Todos os que são de uma linhagem costumam andar juntos. Há, entre os habitantes, dois tipos de língua diferentes.

(Cabeza de Vaca, op. cit., 1546.)

As famílias maiores e mais conhecidas dessas regiões são os aruaques e os caribes. Foi na ilha de São Salvador, uma região de floresta tropical desse tipo, que Colombo e sua tripulação desembarcaram no final do século XV. Os habitantes da ilha, índios aruaques, foram observados e descritos com espanto pelos viajantes europeus.

Andavam nus como a mãe lhes deu à luz; inclusive as mulheres, embora só tenha visto uma robusta rapariga. E todos os que vi eram jovens, nenhum com mais de trinta anos de idade: muito benfeitos, de corpos muito bonitos e cara muito boa; os cabelos grossos, quase como o pelo do rabo de cavalos, e curtos; caem por cima das sobrancelhas, menos uns fios na nuca que mantêm longos sem nunca cortar.

(Colombo, *Diários da descoberta*, 1492.)

Tupis e jês das florestas brasileiras

Por volta de 500 d.C. iniciou-se um grande movimento migratório do sul da Floresta Amazônica em direção ao litoral. Esses povos desenvolveram na costa atlântica da América do Sul a cultura tupi-guarani, que, quando foi encontrada pelos portugueses em 1500, estava fragmentada em grande número de tribos e aldeias.

Os tupis viviam separados em uma série de grupos, como os tupinambás do litoral sudeste e os tupiniquins da região de Porto Seguro, que por sua vez se dividiam novamente em tribos, geralmente organizadas a partir dos laços familiares. Como a maior parte dos povos das florestas, os grupos tupis eram seminômades e praticavam uma agricultura de subsistência bastante rudimentar, vivendo basicamente da exploração dos recursos da floresta. Esses foram os primeiros grupos com quem portugueses e franceses travaram contato no início do século XVI. Podemos acompanhar abaixo a descrição de um deles, feita pelo francês Jean de Léry:

> *Se quiserdes agora figurar um índio, bastará imaginardes um homem nu, bem-conformado e proporcionado de membros, inteiramente depilado, de cabelos tosquiados, com lábios e faces fendidos e enfeitados de ossos e pedras verdes, com orelhas perfuradas e igualmente adornadas, de corpo pintado, coxas e pernas riscadas de preto com o suco de jenipapo, e com colares de fragmentos de conchas pendurados ao pescoço. Colocai-lhe na mão seu arco e suas flechas e o vereis retratado bem garboso ao vosso lado. Em verdade, para completar o quadro, devereis colocar junto a esses tupinambás uma de suas mulheres, com o filho preso a uma cinta de algodão e abraçando-lhe as ilhargas com as pernas. Ao lado deles ponde ainda um leito de algodão feito com rede de pescaria e suspensa no ar. E acrescentai o fruto chamado ananás*.*
>
> (Jean de Léry, *Viagem à terra do Brasil*, 1578.)

Esses índios, apesar de andarem nus, enfeitavam seus corpos de muitas maneiras. Pinturas, colares, penteados de cabelo, cocares, enfeites labiais, brincos e outros adereços foram encontrados em todo o território, usados de muitas maneiras pelos diferentes povos. Alguns adereços eram usados cotidianamente, como é o caso de brincos e braceletes entre alguns grupos e botoques* entre muitos outros, mas o ato de se embelezar e adornar o corpo em geral obedecia a regras. O hábito de pintar o corpo, por exemplo, estava ligado a festas e ocasiões especiais, e as pinturas variavam de acordo com o acontecimento. Hans Staden observou que entre os tupinambás havia uma série de adereços diferentes:

> *Além disso fabricam para si um enfeite de penas vermelhas, que se chama acangatara e que amarram à cabeça. [...] Amarram também tufos de penas nos braços e pintam-se de preto. Com uma resina de árvore, grudam sobre o corpo penas vermelhas e brancas, entremeando-lhes o colorido. Passam aquela substância sobre os lugares que querem emplumar e impressam-lhes em cima as penas, que se colam. Pintam também um braço de preto e o outro de vermelho. O mesmo fazem às pernas, e o corpo é igualmente pintado. Além disso usam um ornato, feito com plumas de ema, que é uma cousa grande e redonda, que amarram às cadeiras, quando marcham para a guerra contra o seu inimigo, ou quando tem uma festa. Chama-se enduape.*
>
> (Hans Staden, *Duas viagens ao Brasil,* 1557.)

Também as mulheres tupinambás se embelezavam com pinturas no rosto e adornos para o corpo, como colares e braceletes. As pinturas femininas eram especiais, mas, como as dos homens, relacionavam-se a determinados rituais ou ocasiões.

As casas e aldeias

Entre os vários grupos indígenas das áreas florestais a questão da moradia foi solucionada de formas diferentes. A disposição das aldeias e o material empregado na construção variavam, embora possamos identificar muitas semelhanças entre elas.

Os grupos do tronco jê, como os timbiras, xavantes, caiapós, apinajés, caingangues, geralmente organizavam suas aldeias em formato circular, pois acreditavam que assim poderiam garantir a igualdade entre seus membros. Na região central da aldeia havia um pátio, e as casas estavam ligadas a ele por caminhos que deveriam ter sempre o mesmo tamanho. Atrás de cada uma das casas ficava a roça familiar.

Wabatan Mantovanello

O formato das aldeias varia conforme a tribo. Alguns grupos constroem aldeias em forma de círculo, outros em forma de ferradura. Há alguns ainda que têm uma habitação coletiva para toda a tribo. Acima, registro documental de uma aldeia xavante num desenho de Wabatan Mantovanello.

Entre os grupos tupis-guaranis as casas eram construídas com materiais extraídos da natureza e em geral organizavam-se em aldeias, que variavam de tamanho e disposição espacial de grupo para grupo. Os tupinambás, da região da Bahia, construíam aldeias formadas por casas grandes, onde viviam famílias inteiras, como podemos acompanhar no relato a seguir:

> *[...] Quando este principal assenta a sua aldeia, busca sempre um sítio alto e desabafado dos ventos, para que lhe lave as casas, e que tenha a água muito perto, e que a terra tenha disposição para de redor da aldeia fazerem suas roças e granjearias; e como escolhe o sítio a contentamento dos mais antigos, faz o principal sua casa muito comprida, coberta da palma, a que os índios chamam pindoba, e as outras casas da aldeia se fazem também muito compridas e arrumadas, de maneira que lhes fica no meio um terreno quadrado, onde fazem bailes e os seus ajuntamentos; [...] e não vivem mais nesta aldeia, que enquanto lhes não apodrece a palma das casas, que lhes dura três, quatro anos. E como lhes chove muito nelas, passam a aldeia para outra parte. [...]*
>
> (Gabriel Soares de Sousa, *Tratado descritivo do Brasil*, 1587.)

As casas tupis eram espaços femininos, já que as tarefas domésticas ficavam todas a cargo das mulheres. Os homens, ao se casarem, mudavam-se para a casa da mãe de sua esposa, uma vez que o principal laço familiar era o laço mãe-filhas, tornando a casa um abrigo de várias famílias. A descrição do interior dessas casas feita por Hans Staden revela que elas abrigavam famílias inteiras e que seu espaço era organizado para isso:

> *Não têm divisões no interior. Ninguém tem um quarto separado; a cada ocupante, porém, marido e mulher, cabe, de um lado, um espaço de doze pés ao comprido. O espaço correspondente do outro lado é tomado por outro ocupante. Assim*

ficam repletas as cabanas. Cada ocupante tem seu fogo próprio. O chefe da cabana recebe seu lugar no centro. Cada cabana é provida em geral de três pequenas portas, uma em cada extremidade, e uma no meio. Elas são tão baixas que os índios precisam curvar-se para entrar e sair.

(Hans Staden, op. cit., 1557.)

Litografia de C. Motte, a partir de desenho de Jean-Baptist Debret, publicado em 1884.

"O interesse que apresenta o estudo do homem selvagem, como construtor, levou-me a compor este quadro comparativo das diferentes formas de choças e cabanas dos índios brasileiros." (Debret, Viagem pitoresca e histórica ao Brasil.*)*

Objetos de uso cotidiano

O artesanato estava ligado ao seu uso cotidiano e os objetos eram produzidos com uma função definida, sendo fabricados por homens ou mulheres, dependendo da utilização que teriam.

Um dos primeiros trabalhos artesanais a cargo das mulheres foi a produção de cestas feitas de fibras vegetais trançadas. Os povos de florestas dominaram a técnica de trançar fibras vegetais, utilizando-a na fabricação de suas cestas para armazenamento doméstico de grãos, fabricação de saias e adornos rituais para o corpo, além de instrumentos musicais.

As mulheres foram desenvolvendo novos utensílios domésticos, feitos de materiais mais resistentes e duradouros. A cerâmica foi incorporada às práticas artesanais juntamente com o processo de sedentarização. Os vasos, que inicialmente eram simples, com o tempo foram se sofisticando e ganharam desenhos elaborados e bastante distintos de grupo para grupo. A produção se diversificou em uma infinidade de panelas e vasos de formatos e tamanhos variados, e ganhou novos padrões de decoração para as funções rituais. Muitas vezes podemos reconhecer os diversos grupos indígenas através dos vestígios de suas cerâmicas, observando sua decoração e as técnicas empregadas em sua fabricação.

A cerâmica tupinambá tinha função doméstica e era feita com o uso de técnicas bastante simples:

> *As mulheres fabricam as vasilhas de que carecem do seguinte modo: tomam barro, amassam-no e fazem então as vasilhas que querem ter. Depois as deixam secar durante algum tempo. Sabem também pintá-las com gosto. Quando querem queimar as vasilhas, debruçam-nas sobre pedras, põem aí bastante cortiça seca, que ateiam [fogo]. Assim se queimam as vasilhas, de modo que incandescem como ferro em brasa.*
>
> (Hans Staden, op. cit., p. 1557.)

Cabia aos homens a fabricação dos instrumentos de guerra e das ferramentas utilizadas na agricultura e na derrubada das florestas, como machados, facas e outros objetos cortantes. Seus instrumentos eram feitos de materiais retirados da floresta, como madeira, fibras, pedras e cascas de árvore, que eram trabalhados e combinados para receberem a forma adequada. Acompanhando as observações de Jean de Léry, podemos conhecer as principais armas produzidas pelos tupinambás:

> *Em segundo lugar indicarei o arco, ou oropá feito das mesmas madeiras pretas; [...]As cordas dos arcos são feitas de uma planta chamada tucum; apesar de muito finas, são tão fortes que um cavalo com elas poderia tirar um veículo. As flechas têm quase uma braça de comprimento e se compõem de três peças: a parte média, de caniço, e as duas outras, de madeira preta ajustadas e ligadas muito habilidosamente com fitas de cascas de árvores. Cada qual comporta duas penas de um pé de comprimento perfeitamente acertadas e amarradas com fio de algodão; nas pontas colocam ossos pontiagudos ou pedaços de taquara seca, dura e acerada [...] ou ainda ferrões de caudas de arraia que [...] são muito venenosas. [...]*
>
> *Usam ainda rodelas ou escudos de couro seco, feitas com a parte mais espessa da pele do tapirussu, são largas, chatas e redondas [...]. Entretanto não as usam no combate de perto [...], utilizam-nas apenas para resguardo contra as flechas inimigas.*

(Jean de Léry, op. cit., 1578.)

Ataque dos tupiniquins à aldeia tupinambá de Ubatuba — registrado por Hans Staden —, no qual aparecem as armas utilizadas pelos guerreiros tupis e o sistema de defesa da aldeia através de uma paliçada. (Hans Staden, 1557, p. 101.)

Hans Staden descreveu as técnicas utilizadas na fabricação dos instrumentos cortantes:

> *Antigamente, antes de lhes virem os navios à terra, empregavam os índios [tupinambás] uma espécie de pedra preta-azulada na fabricação de cunhas, e ainda o fazem em muitas regiões que não são procuradas pelos navios. Afiam a borda mais larga da pedra. Estas cunhas têm mais ou menos um palmo de comprimento, quatro dedos de largo e dois de*

espessura; algumas maiores, outras menores. Tomam então uma pequena vara, dobram-na por sobre a cunha e amarram-na com embira.*

[...] Pegam também dentes de porco-do-mato, afiam-nos no meio, até aguçá-los e amarram-nos entre dois pedaços de madeira. Com isto aparam suas flechas e arcos tão roliços como se fossem torneados.

Por fim empregam o dente de um animal que é chamado paca. Afiam bem este dente na ponta, e quando têm alguma moléstia, que lhes vem do sangue, arranham com ele o lugar que lhes dói. Isto faz brotar o sangue, sendo esta sua maneira de sarjar.*

(Hans Staden, op. cit., 1557.)

Como se deslocavam através das águas

Grande parte dessas populações de florestas viviam nas proximidades de rios navegáveis e desenvolveram diversos tipos de embarcações. As canoas, feitas com técnicas variadas, dependendo da região e da matéria-prima usada em sua construção, eram utilizadas muitas vezes para longos trajetos por mar ou por rios.

Vieram até a nau em pirogas, feitas do tronco de uma árvore, como um barco comprido e de um só pedaço e lavradas que eram uma maravilha, segundo costume local, e tão grandes que algumas continham 40 ou 45 homens, e outras, menores, onde inclusive cabia apenas uma pessoa. Remavam com uma pá semelhante às de forno e correm que dá gosto; e quando emborcam, todos logo se põem a nadar para endireitá-las, esvaziando-as com cabaças que levam junto com eles. [...] Os índios que levava disseram que havia entre essas ilhas e Cuba um dia e meio de percurso em suas pirogas, que são barquinhos de madeira e sem vela, que chamam de canoas.

(Colombo, op. cit., 1492.)

Os grupos que viviam no interior normalmente andavam a pé nas florestas em busca de seus alimentos, caçando ou coletando frutos e raízes. A agricultura era feita nas margens de rios ou ribeirinhos, que também eram usados como caminhos para seus deslocamentos. Nas épocas de cheias, o alagamento de vastas áreas tornava as mudanças inevitáveis e os barcos das tribos que viviam na região do Pantanal de Mato Grosso, por exemplo, eram adaptados para abrigar as famílias em longos deslocamentos.

Quando as águas estão baixas, os nativos daquelas terras vão viver junto à ribeira, trazendo suas mulheres e filhos para gozarem dos prazeres da pescaria. Durante esse período levam uma vida muito alegre, cantando e dançando, porque a comida é abundante e o lugar muito agradável. Quando as águas começam a subir, que é por janeiro, voltam para as partes mais altas e seguras. [...] Os nativos têm umas canoas aparelhadas para esta época. São muito grandes e no meio delas fazem um fogão de barro. Depois de feito o fogão, o índio se mete ali com sua mulher e filhos, podendo, com a cheia, ir para qualquer parte. O fogão serve para cozinhar os alimentos e para aquecê-los. Assim passam quatro meses do ano, que é o período em que dura a cheia. Porém, mesmo com a cheia eles saltam a terra nas partes mais altas para caçar antas e veados que fogem da água.

(Cabeza de Vaca, op. cit., 1546.)

As canoas também eram utilizadas como meio de transporte em situações de guerra. Para esse fim, alguns grupos desenvolveram embarcações mais leves e ligeiras, para transporte de grupos pequenos através de rios ou pelo mar.

A produção de alimentos

Os grupos tupis-guaranis desenvolviam uma agricultura de subsistência que, junto com as atividades de caça, pesca e coleta, abastecia suas aldeias. A maior parte deles faziam roças de mandioca e milho e fixavam suas aldeias nas proximidades de rios enquanto durasse a fertilidade do solo.

Geralmente o trabalho nas roças era dividido entre os homens e as mulheres, cabendo a cada um tarefas específicas. O trabalho era feito por toda a tribo em mutirão e organizado em etapas bem marcadas.

> *Quando os tupinambás vão às roças, não trabalham senão das sete horas da manhã até o meio-dia; e não comem neste tempo senão depois destas horas, que se vêm para suas casas; os machos costumam a roçar os matos, e os queimam e limpam a terra deles; e as fêmeas plantam o mantimento e o limpam; os machos vão buscar a lenha com que se aquecem e se servem, porque não dormem sem fogo, ao longo das redes, que é a sua cama; as fêmeas vão buscar a água à fonte e fazem de comer; e os machos costumam ir lavar as redes aos rios, quando estão sujas.*
>
> (Gabriel Soares de Sousa, op. cit., 1527.)

As roças eram preparadas num sistema conhecido como coivara entre os tupis, em que a mata era derrubada e depois queimada. Quando essa terra perdia sua fertilidade, os grupos mudavam de lugar e iniciavam uma nova roça.

Alguns vegetais típicos do continente eram conhecidos e cultivados por grande parte das populações indígenas do território. Entre eles estão o abacate, a pimenta, a abóbora, o amendoim, o feijão e a batata. A mandioca era a base da alimentação dos índios brasileiros, que a utilizavam de várias maneiras; dela faziam farinha e bebidas e preparavam-na assada e cozida como prato principal.

Os americanos têm duas espécies de raízes, a que chamam aipim e mandioca. [...] Depois de arrancá-las, as mulheres (os homens não se ocupam disso) secam-na ao fogo [...]; ou então as ralam ainda frescas sobre uma prancha de madeira, cravejada de pedrinhas pontudas, e as reduzem a uma farinha alva como a neve.

[...] Para preparar essa farinha usam as mulheres brasileiras grandes e amplas frigideiras de barro, põem-na ao fogo com certa porção de farinha dentro e não cessam de mexê-la com cabaças de que se servem [...], até que a farinha assim cozida tome a forma de granizos ou confeitos.

[...] Embora essas farinhas, principalmente quando frescas, constituam um bom alimento, saboroso e facilmente digestível, não se prestam em absoluto ao fabrico do pão, como pude verificar. [...] Todavia essas farinhas prestam-se para papas a que os selvagens dão o nome de mingau.

(Jean de Léry, op. cit., 1578.)

Os índios que viviam nas florestas tropicais tinham na caça uma importante fonte de alimentação. Caçavam tanto animais grandes como pequenos, como os porcos-do-mato, antas, tatus e tantos outros. O peixe também era bastante consumido por esses grupos, que pescavam em rios e mares utilizando técnicas bastante especiais:

Quando esse gentio [tupinambás] quer tomar muito peixe nos rios de água doce e nos esteiros de água salgada, os atravessam com uma tapagem de varas, e batem o peixe de cima para baixo; onde lhe lançam muita soma de umas certas ervas, pisadas, a que chamam timbó, com o que se embebeda o peixe de maneira que se vem acima da água como morto; onde tomam às mãos muita soma dele.

(Gabriel Soares de Sousa, op. cit., 1527.)

Além de produzir seus alimentos, os tupis-guaranis desenvolveram técnicas para conservá-los. O uso do sal, bastante comum nas áreas litorâneas, não era a única forma que utilizavam. Para conservar por mais tempo os produtos de caça e pesca, os índios desenvolveram o hábito de secar a carne de caça ao sol, comum até hoje em algumas regiões, bem como o de fazer farinha de peixe torrado.

A abundância de recursos oferecidos pela floresta facilitava a sobrevivência desses grupos. As culturas desenvolvidas em florestas pouco se modificaram, mesmo entre os povos agricultores. As atividades de caça, pesca e coleta nunca foram abandonadas e o comércio não se desenvolveu. A agricultura provocou grandes mudanças culturais entre povos que viviam em condições menos favoráveis.

CAPÍTULO 4

As grandes civilizações agrícolas

Os primeiros vestígios de agricultura no continente americano surgiram no planalto mexicano, entre 7000 e 4000 a.C., mas até que as atividades agrícolas garantissem totalmente a sobrevivência dos grupos humanos foi preciso um longo período de desenvolvimento de técnicas de irrigação, drenagem de pântanos e adaptação de espécies às diferentes condições climáticas. Assim, as atividades de caça, pesca e coleta continuaram fazendo parte do cotidiano desses povos, sendo gradualmente substituídas pela agricultura, à medida que o aperfeiçoamento das técnicas permitiu o aumento da produção.

Na região da América Central a agricultura facilitou o desenvolvimento da vida em aldeias sedentárias. Com o crescimento gradativo das aldeias, tiveram origem as civilizações urbanas, como a civilização olmeca e a de Teotihuacán e mais tarde as conhecidas civilizações maia e asteca. Na mesma época ocorreu um processo semelhante na região dos Andes, que acabou por dar origem à civilização inca.

A primeira etapa no processo de urbanização foi o surgimento de centros cerimoniais para as divindades, que cada vez adquiriam maior importância. Por todo o planalto mexicano surgiu uma infinidade de deuses identificados com os elementos da natureza, que explicavam a origem do mundo e dos homens, os fenômenos climáticos e garantiam as colheitas na agricultura. Surgiram então complexas religiões nas quais os rituais e os sacrifícios se desenvolveram enquanto formas de relacionamento entre homens e deuses.

Por volta de 2000 a.C. começaram a ser construídos os primeiros centros cerimoniais destinados à adoração das divindades, espalhados pela América Central. Compostos de grandes plataformas de pedra, sobre as quais se construíam templos ou altares, era ali que se reuniam as populações das aldeias espalhadas pelo território, para os cultos religiosos e para o comércio. Foi em torno desses centros cerimoniais que surgiram as primeiras grandes cidades da América.

Centro cerimonial de Teotihuacán, nas proximidades de Tula, no México. Grandes avenidas ladeadas por plataformas cerimoniais sobre as quais havia templos, cada um destinado a um deus do grande panteão maia. (Enrique Peregalli, A América que os europeus encontraram. *p.19.)*

As cidades cresceram e chegaram a abrigar populações numerosas, levando sacerdotes e governantes a se destacar aos poucos do restante da população. O poder que esses homens exerciam era manifestado e afirmado em grandes construções. Em torno das praças cerimoniais construíam suas residências e santuários, que com o passar do tempo foram se tornando palácios e templos suntuosos. As grandes construções feitas em pedra — templos, palácios e pirâmides — revelam que na América Central, como nos Andes, desenvolveram-se importantes conhecimentos de engenharia e mecânica que permitiram o deslocamento dos grandes blocos de pedra utilizados como matéria-prima.

Principais cidades da América Central e dos Andes. (Enrique Peregalli. A América que os europeus encontraram. *São Paulo: Atual, 1994.)*

Povos do Yucatán

Dentre as culturas da América Central, a cultura maia foi a que teve maior continuidade no tempo. Seus ancestrais ocupavam a região das montanhas da Guatemala desde 2500 a.C., e seus descendentes, incorporados ao império asteca, assistiram à chegada dos europeus.

Os vestígios das cidades maias revelam um deslocamento em direção ao norte. As cidades mais antigas localizavam-se nas áreas de montanhas da Guatemala e viviam do cultivo de milho, feijão e tubérculos, como é o caso de Kaminaljuyú do século VIII a.C. As mais recentes desenvolveram-se no norte da península, nas proximidades do litoral do golfo do México.

Com os contínuos deslocamentos pela selva, a partir do século V começou a se desenvolver um forte povoamento da área que compreende o sul do México, Belize e parte de Honduras, onde floresceu a cultura maia clássica. As cidades de Tikal, Copán, Uaxactún, dentre outras, encontravam-se em meio a uma exuberante floresta tropical atravessada por inúmeros rios. Nesse processo, também o norte da península de Yucatán foi ocupado pelos maias, que se estabeleceram em importantes cidades construídas por civilizações mais antigas, como Chichén Itzá, Uxmal e Tulum, que passaram então a combinar aspectos culturais de olmecas, teotihuancanos e maias.

No início do século XV, a região foi conquistada pelos astecas, que haviam se estabelecido às margens do lago Texcoco por volta de 1350. Tendo como capital a cidade de Tenochtitlán, construída no centro do lago, os astecas aliaram-se a povos vizinhos, subjugando as populações de todo o vale do México até a América Central. Assim, as cidades maias foram sendo incorporadas ao império asteca, ao qual pagavam tributos.

Cidades-Estado maias

As cidades maias eram cidades-Estado, independentes entre si, mas com uma cultura comum que as unia na adoração dos mesmos deuses, na língua que falavam, nas práticas agrícolas, em suas formas de governo e outros aspectos de seu modo de vida. Em alguns momentos de sua história, várias dessas cidades chegaram a formar confederações lideradas por uma delas, mas os maias nunca conseguiram mantê-las por muito tempo.

As ruínas dessas cidades mostram que elas estavam ligadas às aldeias dispersas pela selva, onde vivia a maior parte da população. Os caminhos que faziam essa ligação indicam que os encontros entre cidades se davam nas ocasiões festivas, nos centros cerimoniais. Através do códice *Popol Vuh*, que conta as origens do povo maia, podemos conhecer um relato mítico da fundação das aldeias:

> *Agora bem, muitos povos foram surgindo um a um, e os diferentes ramos das tribos iam se reunindo e agrupando junto aos caminhos que haviam aberto. [...] Ali, pois, muitos fizeram suas casas e da mesma forma construíram o templo do deus; no centro da parte alta da cidade o fizeram quando chegaram e se estabeleceram.*
>
> *Logo foi o crescimento de seu Império. Eram muitos e numerosos quando realizaram o conselho em suas casas grandes [palácios]. Se reuniram e se dividiram, porque surgiram desentendimentos e existiam ciúmes entre eles pelo preço de suas irmãs e de suas filhas, e porque já não faziam suas bebidas em sua presença.*
>
> (Popol Vuh, séc. XVIII.)

O centro cerimonial das cidades maias era o local onde residiam os dirigentes, sacerdotes, artesãos e comerciantes, não ligados às atividades agrícolas. As suntuosas construções de pedra localizavam-se em torno de uma praça central e muitas vezes tinham sua disposição espacial orientada pelos pontos cardeais.

Em torno da praça encontravam-se os santuários piramidais, sobre os quais se construíam templos cujo acesso se dava através de uma íngreme escadaria central. Algumas pirâmides, como uma das encontradas em Tikal, superavam os 60 metros de altura. Na frente dos templos se encontravam estelas — monumentos esculpidos com figuras representando deuses ou personagens significativos da história ou da estrutura social maia — e altares, geralmente circulares, onde se depositavam oferendas aos deuses.

Essas cidades maias foram subitamente abandonadas, como já haviam sido abandonadas as cidades construídas em meio à selva na Guatemala. A civilização maia desapareceu e foi incorporada pelos povos que conquistaram a região tempos depois. Não temos nenhum testemunho ou registro de como ocorreu esse abandono, restando apenas as ruínas das grandes construções maias.

Centro cerimonial de Palenque. Templo sobre uma pirâmide escalonada em meio à exuberante floresta tropical, característico da primeira fase da cultura maia. (Betty Meggers, op. cit., 1979.)

Cidades astecas

Os astecas eram um povo guerreiro, dotado de uma excelente organização militar, que lhes permitiu em poucas décadas dominar uma vasta área, que compreendia a região do atual México da costa do Pacífico à costa atlântica. Sua capital, a cidade de Tenochtitlán, tinha 200 mil habitantes na época da conquista espanhola.

Segundo as lendas da tradição asteca, a escolha do local de fundação da cidade foi determinada por uma profecia do deus Colibri-Azul. Dizia o deus que os astecas receberiam um sinal quando encontrassem o local ideal para a fundação de sua cidade. O sinal esperado era uma águia pousada num cacto sobre uma rocha, trazendo em seu bico uma serpente, e teria sido encontrado no centro do lago Texcoco, onde fundaram Tenochtitlán — que quer dizer "rocha de cactos".

As dificuldades encontradas pelos astecas naquela região foram enormes. A região era pantanosa e de difícil acesso, o que os levou a fazer obras de drenagem para conseguir maior aproveitamento das terras. Como viviam em terras alagadiças, os astecas desenvolveram uma técnica especial de aterro, com a qual faziam campos flutuantes para o aproveitamento agrícola, a que chamavam chinampas. A fertilidade das terras pantanosas garantia a produção abundante de alimentos para os habitantes da cidade.

Os chinampas, campos de cultivo astecas, foram a solução para a escassez de terras agrícolas em Tenochtitlán. Eram uma espécie de ilhas artificiais, feitas a partir de uma estrutura de estacas fixas no fundo do lago, que serviam de suporte junto com uma estrutura de junco e esteiras, para o aterro feito com lama retirada do fundo do lago. (Walter Krickeberg. Las antiguas culturas mexicanas do Mexico. *Buenos Aires: Fondo de Cultura Economica, 1961.)*

O milho era o principal produto da agricultura asteca, que também cultivava feijão, sálvia, tomate, pimenta, abóbora, cenoura e batata-doce. Além disso, os astecas possuíam um comércio bastante desenvolvido, que utilizava grãos de cacau como moeda. As trocas eram feitas em grandes mercados, onde circulavam milhares de pessoas por dia.

Hernán Cortez descreveu a capital dos astecas e deixou registrado o impacto causado por Tenochtitlán, a primeira grande cidade americana encontrada pelos europeus:

> *Esta grande cidade de Tenochtitlán está fundeada em uma lagoa e desde a terra firme até o centro da cidade, por qualquer parte que se entrar, há duas léguas. [...] As ruas principais são muito largas e retas. A maioria delas são metade de terra e metade de água, por onde andam com canoas. Todas as ruas, de trecho em trecho, estão abertas por uma travessia de água. Há duas pontes, de vigas muito bem trabalhadas e fortes. Tem muitas praças onde há contínuos mercados e pontos de compra e venda.*
>
> (Hernán Cortez, *A conquista do México*, 1520.)

Dos tributos recolhidos entre os povos dominados, os astecas puderam fazer grandes obras de infraestrutura e embelezamento da cidade. Foi nessa época que surgiram os grandes templos e palácios, tantas vezes aumentados e reconstruídos como sinal de *status* e poder dos imperadores.

> *Possui esta grande cidade muitas mesquitas (templos) ou casas de seus ídolos, todas de formosos edifícios situados em todos os bairros. Nas principais há religiosos que residem permanentemente. Estes religiosos se vestem de negro e nunca cortam o cabelo. Todos os filhos de senhores importantes frequentam estas mesquitas desde os sete anos até o casamento.*
>
> (Hernán Cortez, op. cit., 1520.)

Também foram feitas outras obras de infraestrutura, como abertura e alargamento de ruas, planificação dos bairros, valorização da praça central com a construção de palácios e aquedutos para o abastecimento de água potável na cidade:

> *[...] Pela calçada que chega à cidade vêm dois canos de argamassa, com uma largura de dois passos cada um. Por um deles chega a água doce à cidade, da qual todos se servem e bebem. O outro serve de alternativa, com a água sendo desviada por ali quando querem limpar o primeiro cano.*
>
> (Hernán Cortez, op. cit., 1520.)

A civilização asteca desenvolveu um comércio bastante complexo, baseado em mercados organizados onde se concentravam os produtos de áreas distantes. A praça principal, onde se situava o mercado, era o centro dos acontecimentos diários da cidade. Os europeus ficaram maravilhados com o mercado de Tenochtitlán.

> *Há uma praça tão grande que corresponde a duas vezes a cidade de Salamanca, com pórticos de entrada, onde há cotidianamente mais de sessenta mil almas comprando e vendendo. Há todos os gêneros de mercadorias que se conhece na terra, desde joias de ouro, prata e cobre, até galinhas, pombas e papagaios. Há casas como de boticários, onde vendem os medicamentos feitos por eles, assim como unguentos e emplastros. Há casas como de barbeiros, onde lavam e raspam as cabeças. Há casas onde dão de comer e beber mediante um pagamento. Há homens [...] para trazer cargas. Há muita lenha, carvão e esteiras para camas de diversos tipos. Há verduras de todos os tipos, mel de abelha, fios de algodão para tecer, couro de veado, tintas para pintar tecidos e couros, louças de muito boa qualidade, milho em grão ou já transformado em pão de excelente sabor. Enfim, vendem tantas coisas*

que seria prolixo relatar todas aqui, mas é preciso salientar que em cada rua é vendido apenas um tipo de mercadoria, havendo muita ordem quanto a isso. Há no centro da praça uma casa de audiências, onde estão sempre reunidos dez ou doze juízes para julgar as questões decorrentes de desacertos nas compras e vendas.

(Hernán Cortez, op. cit., 1520.)

A população de Tenochtitlán

Depois de estarem completamente adaptados à região, os astecas partiram para a conquista de novos territórios entre os povos vizinhos. Desenvolveram seus exércitos, que tinham na coragem um de seus maiores valores. Os bons guerreiros eram recompensados com títulos e podiam ascender socialmente, chegando a fazer parte da nobreza. Formavam um grupo privilegiado e tinham seus méritos reconhecidos pela religião, pois os astecas acreditavam que havia um céu especial para seus guerreiros após a morte. Os meninos recebiam treinamento militar em suas aldeias e seu lugar destacado na sociedade podia ser identificado por seus trajes especiais:

Usavam os senhores na guerra um casquete de plumas muito coloridas, que se chamava tlauhquéchol, com ouro, e ao redor do casquete uma coroa de plumas ricas e do meio da coroa saía um feixe de plumas ricas que chamam de quetzalli como penachos e pendia desta plumagem nas costas um tambor pequenino, colocado em uma escadinha como para levar carga e tudo isto era dourado.

Levavam uma rodela com um círculo de ouro em toda a borda, e o canto da borda era de pluma rica, colorida, verde, azul, e etc.; e da parte de baixo, do meio baixo, pela circunferência levavam penduradas umas franjas feitas de pluma rica, com uns botões e umas borlas, tudo de pluma.

Levavam um colar de pedras preciosas muito finas e todas iguais e redondas que eram chalchihuites e turquesas muito finas.

E levavam umas plumas verdes em lugar de cabeleira, com umas bandas de ouro entrepostas, ou levavam um corcelete de plumas verdes e nas costas levavam o tambor.

(Bernardino de Sahagún, *Historia general de las cosas de Nueva España*, 1569.)

Havia dois grandes grupos militares entre os astecas, que eram identificados por suas vestimentas feitas das peles dos animais que os inspiravam: guerreiros Jaguares e guerreiros Águias. Nas festividades religiosas esses grupos se enfrentavam em lutas rituais, comandados pelos deuses. (Códice Florentino, séc. XV.)

Os artesãos e os comerciantes garantiam o luxo dos nobres que viviam em torno do imperador com os objetos que produziam ou importavam de regiões distantes do império. Os artesãos astecas desenvolveram muito a metalurgia e produziam um riquíssimo artesanato em ouro e prata.

Os oficiais que lavram ouro são de duas maneiras, uns deles se chamam marteladores maçadores, porque estes lavram ouro de martelo, maçando o ouro com pedras ou com martelos, para fazê-lo fino como papel; outros se chamam tlatlatianime, que quer dizer que assentam o ouro, ou alguma coisa no ouro ou na prata (e) estes são verdadeiros oficiais que por nome se chamam tolteca; mas estão divididos em duas partes, porque lavram o ouro cada um de sua maneira.

(Bernardino de Sahagún, op. cit., 1569.)

Outros produtos de luxo eram trazidos de longe pelos comerciantes, que também tinham um lugar destacado na sociedade, embora estivessem proibidos de ostentar luxo, exclusividade dos nobres.

[...] Quando lá chegamos, ficamos atônitos com a multidão de pessoas e a ordem que prevalecia, assim como com a vasta quantidade de mercadoria [...] Cada espécie tinha seu lugar particular, que era distinguido por um sinal. Os artigos consistiam em ouro, prata, joias, plumas, mantas, chocolate, peles curtidas ou não, sandálias e outras manufaturas de raízes e fibras de juta, grande número de escravos homens e mulheres, muitos dos quais estavam atados pelo pescoço, com gargalheiras, a longos paus. [...] Outros locais, na praça eram reservados à venda de artigos de barro, mobiliário doméstico de madeira, tais como mesas e bancos, lenha, papel, canas recheadas com tabaco misturado com âmbar líquido, machados de cobre, instrumentos de trabalho e vasilhame de madeira profusamente pintado.

(Bernal Díaz del Castillo, *Historia verdadera de la conquista de la Nueva España*, 1581.)

Matemática e religião

O crescimento da cidade e do império provocou um grande desenvolvimento cultural entre os astecas. Um dos aspectos centrais desse desenvolvimento foi a utilização de um sistema de numeração semelhante ao dos maias, mas que por não possuir o zero não permitia a realização de cálculos muito complexos.

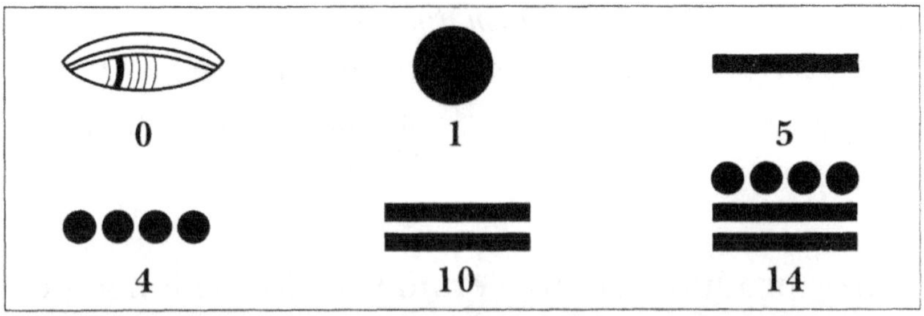

Símbolos matemáticos maias e astecas. A matemática maia combinava três símbolos: a concha, que representava o zero; o ponto, que representava o um; e a barra, que representava o cinco. Com esses símbolos podiam escrever qualquer número, agrupando as quantidades de vinte em vinte. A representação da estação das chuvas traz vários desses símbolos, e repetidas vezes aparece o número 13. (Codex Troana Cortesianus – Madrider Codex.)

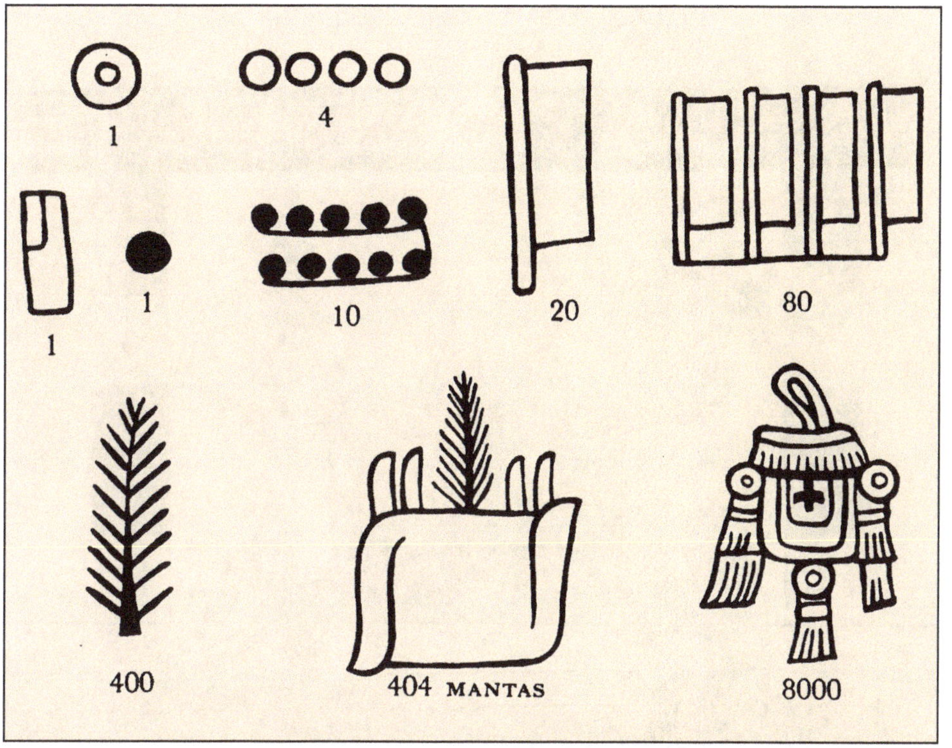

Os astecas também contavam com agrupamentos vigesimais, mas desconheciam o zero. Os números de 1 a 19 podiam ser representados por pontos ou por um dedo, o número 20 por uma bandeira, o 400 por uma pluma e o 8000 por uma sacola. (Yhompson, 1942, e Porter, 1973, apud Galdames, p. 138.)

Os astecas desenvolveram também seus próprios calendários, inspirados nos calendários maias. O primeiro deles era um calendário ritual composto de 260 dias, divididos em 20 meses de 13 dias. Cada dia desse calendário era representado por um deus, que regia as atividades dos homens. Cabia aos sacerdotes estabelecer os horóscopos para os assuntos particulares, como definir o nome da criança recém-nascida e fazer previsões com relação ao futuro. Também possuíam um calendário solar de 365 dias divididos em 18 meses de 20 dias e um mês curto de 5 dias, que era considerado nefasto e durante o qual eram aguardadas as catástrofes. Esses 19 meses recebiam nomes ligados à agricultura. A cada 52 anos, quando os marcos iniciais dos dois calendários se encontravam, iniciava-se um novo ciclo, que era recebido com grandes festividades.

Album / akg-images/Veintimilla/Akg-Images/Latinstock

Cerimônia do Fogo Novo, realizada a cada 52 anos, para marcar a passagem a um novo ciclo. Os astecas apagavam o fogo do altar antigo e realizavam uma cerimônia para acender o fogo novo, símbolo da nova vida. (Códice Borbónico, apud Galdames, op. cit., p. 140.)

Os jogos também ocupavam um importante lugar nas sociedades maia e asteca. Geralmente estavam associados às cerimônias religiosas, especialmente aos sacrifícios, juntamente com cantos, danças e representações teatrais. Um dos jogos astecas mais populares era o voador, no qual quatro homens fantasiados de aves deslizavam do alto de um poste amarrados em uma corda na cintura. Na ponta do poste, sobre um cilindro que dava voltas, um quinto homem tocava flauta. As cordas se enrolavam e desenrolavam no poste e o jogo terminava quando se cumpriam treze giros no poste.

O jogo mais tradicional entre os astecas era o de bola, herdado dos maias:

O jogo de bola se chamava tlaxtli ou tlachtli que eram duas paredes, que havia entre uma e outra vinte ou trinta pés e teriam de comprimento até quarenta ou cinquenta pés; estavam muito caídas as paredes e o solo e teriam de altura como estado e meio [medida] e no meio do jogo estava uma faixa que servia ao propósito do jogo; e no meio das paredes, na metade do trecho do jogo, estavam duas pedras como mós de moinho furadas no meio, em frente uma da outra, e tinham grandes furos tão largos que podia caber a bola por cada um deles.

E aquele que metia a bola por ali ganhava o jogo; não jogavam com as mãos mas com as nádegas feriam a bola; usavam para jogar umas luvas nas mãos e uma cilha de couro nas nádegas, para ferir a bola.

(Bernardino de Sahagún, op. cit., 1569.)

O patolli, *um jogo asteca, tinha um tabuleiro em forma de cruz onde as quatro partes estavam divididas em quadrados sobre os quais avançavam as pedras, cujo número era determinado por um sorteio de feijões. (Códice Magliabecchi, apud Galdames, op. cit., p. 138.)*

O desenvolvimento cultural asteca foi brutalmente interrompido quando estava no auge de sua expansão, com a chegada dos europeus comandados por Hernán Cortez. A jovem tradição asteca não teve tempo de se desenvolver totalmente, sendo destruída muito antes de entrar em crise.

Incas da região andina

Outra grande região agrícola do continente foi a região andina. Entre 2000 e 1000 a.C. a agricultura passou a se desenvolver ali. À medida que as técnicas agrícolas foram se aperfeiçoando formaram-se núcleos urbanos que deram origem a várias civilizações andinas. Essas civilizações diferenciam-se das civilizações agrícolas do Yucatán por terem se desenvolvido em áreas montanhosas, que exigiram o emprego de técnicas específicas para o melhor aproveitamento do espaço.

Dentre todos os povos andinos, os incas são os mais conhecidos por terem formado um grande império. Até 1438 d.C., dominavam apenas uma pequena área na região de Cuzco, mas expandiram suas fronteiras até o final do século XV, quando seu império chegou a dominar grande parte das civilizações que ocupavam as áreas localizadas no atual Peru, Bolívia, Equador e norte da Argentina.

O controle de território tão extenso levou à criação de uma complexa organização política. O império inca estava dividido em regiões administrativas que ficavam a cargo de uma espécie de governador que prestava contas de sua região ao Inca — o imperador, filho do Sol.

As regiões do império se comunicavam através de uma boa e eficiente rede de estradas, que as interligavam. Por elas circulavam os correios reais — jovens que eram treinados desde pequenos para correr pelas estradas, levando as mensagens oficiais por longas distâncias.

A construção de estradas nas áreas montanhosas exigia o uso de recursos sofisticados de engenharia, como pavimentação com blocos de pedra, escadas nas áreas mais escarpadas e rochas escavadas. As estradas principais tinham *tampus*, que eram áreas de descanso construídas ao longo de suas margens onde os viajantes podiam pernoitar e dar descanso aos rebanhos de lhamas e às tropas de transporte de mercadorias.

Como não conheciam a roda, os incas utilizavam os lhamas como animais de carga, chegando a formar tropas de 25 mil animais, mas, de maneira geral, os deslocamentos pelo império eram feitos a pé. Apenas os nobres possuíam um meio de transporte especial, que era de seu uso exclusivo:

> *Quando os senhores incas visitavam as províncias de seu império [...] viajavam em meio a uma grande majestade, sentados em ricas liteiras [...] decoradas com ouro e prata.*
>
> (Pedro Cieza de Léon, *The travels of Pedro Cieza de Léon*, 1553.)

As técnicas agrícolas

Por viverem em áreas montanhosas, os incas procuravam ampliar suas terras cultiváveis e aproveitá-las ao máximo. Por isso nem só os vales dos rios eram cultivados, mas também as encostas das montanhas, com a construção de terraços irrigados. Essa técnica, já conhecida por outras culturas que habitavam a região, foi aperfeiçoada pelos incas, garantindo uma maior produção de gêneros alimentícios.

O Inca Garcilaso de la Vega descreveu o uso dessa técnica nas regiões andinas:

> *Abertas as acéquias* nivelavam os campos e os punham de quadrado para que gozassem bem da rega; nos cerros* e ladeiras que eram de boa terra, faziam plataformas para nivelá-las [...]. Para fazer estas plataformas, construíam três muros de cantaria forte, um pela frente e dois pelos lados, [...] para que possam sofrer o peso da terra que as arrima até emparelhar com o alto das paredes. Passada a primeira plataforma, faziam em seguida outra menor, e adiante dessa,*

outra menor. E assim iam ganhando todo o cerro, pouco a pouco, nivelando-o com suas plataformas à maneira de escada, aproveitando toda a terra que era boa para semear, e que se podia regar.

Os mestres abriam as acéquias necessárias conforme as terras que havia para aproveitar [...]; e porque, por ser debaixo da zona tórrida, tem necessidade de rega, davam-no com grande curiosidade, e não semeavam grão de milho sem água de rega. Também abriam acéquias para regar os pastos quando o outono detinha suas águas: pois também quiseram garantir tanto os pastos como os plantios, porque tiveram gado sem fim. [...]

(Inca Garcilaso de la Vega, *O universo incaico*, 1609.)

O aproveitamento agrícola das encostas era feito de forma a explorar as diferentes possibilidades climáticas determinadas pela altitude. Nos níveis mais altos eram cultivadas espécies resistentes ao frio, como a batata; nos níveis intermediários, feijão, milho e abóbora; nos níveis mais baixos, plantavam árvores frutíferas e pimenteiras. Dessa forma, garantiam colheitas variadas e abundantes por todo o ano.

Os incas criavam lhamas, animal símbolo de sua cultura, e a atividade de pastoreio era tradicionalmente praticada pelos jovens. Parente do camelo, o lhama tem grande resistência, o que o torna um excelente animal de carga. Os rebanhos eram imensos e, além do lhama, criavam vicunhas* e guanacos, que forneciam lã e leite para a população.

As aldeias rurais, rodeadas por seus campos de cultivo, abrigavam grande parte da população do império. Os campos eram distribuídos entre as famílias das aldeias e todos os seus membros trabalhavam na agricultura ou no pastoreio, mantendo uma grande colaboração entre si. Parte das terras pertenciam às autoridades imperiais e eram cultivadas pelas comunidades das aldeias, que entregavam ao Inca uma parcela da produção como forma de tributo. A administração imperial recolhia esses tributos nas aldeias e os estocava em armazéns para que fossem redistribuídos nas épocas de falta de alimento. O irmão do conquistador Francisco Pizarro fez preciosas anotações a respeito da cidade de Cuzco, dentre as quais encontramos uma descrição desses armazéns imperiais:

> *Contarei agora do que neste Cuzco havia quando nele entramos. Eram tantos os depósitos que havia de roupa muito delicada e outras mais grosseiras; depósitos de bancos para descanso dos pés; de comida; de coca; de pluma havia depósitos de uma plumaria furta-cor que parecia ouro muito fino; outras de furta-cor verde dourado.*
>
> (Pedro Pizarro, *Relación del descubrimiento y conquista de los reinos del Perú*, 1571.)

As cidades incas

A maior cidade inca era Cuzco, a capital do império. Era uma cidade planejada, que tinha como centro uma praça, da qual saíam as ruas em linha reta. Além dessa praça, a cidade possuía outras menores e era dividida em duas partes: Cuzco de cima e Cuzco de baixo, onde se encontrava o Templo do Sol e onde viviam os nobres em seus palácios.

> *Era grande e majestosa e deve ter sido fundada por gente capaz e inteligente. Tem ruas muito boas, embora estreitas, e as casas estão construídas de maciças pedras, belamente unidas [...] Cuzco era a cidade mais rica das Índias, pelo grande acúmulo de riquezas que chegavam a ela com frequência, para incrementar a grandeza dos nobres.*
>
> (Pedro Cieza de León, op. cit., 1553.)

After Joris Hoefnagel/The Bridgeman Art Library/Getty Images

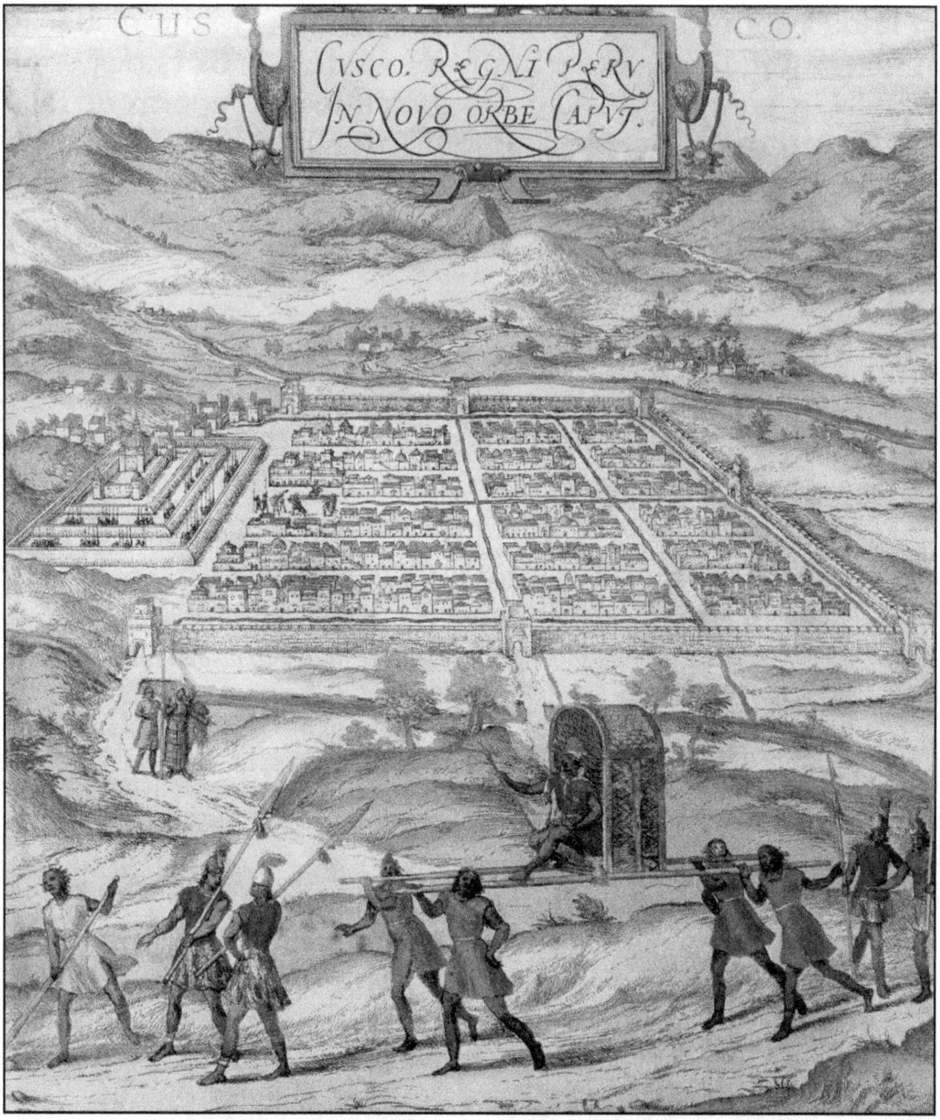

*A cidade de Cuzco foi planejada para ser a capital do império inca. Seu traçado foi pensado para reproduzir o desenho de um puma com cabeça de falcão que coroava a fortaleza de Sacsahuamán, situada ao norte da cidade. (*Civitates Orbis Terrarum*, de Georg Braun e Frans Hogenberg.)*

Nem todas as cidades incas eram como Cuzco; cada uma delas tinha suas características específicas. As construções eram feitas de grandes blocos de pedra, cortados com perfeição com o uso de ferramentas de pedra e instrumentos de cobre e encaixados uns nos outros sem necessidade de cimento ou qualquer outra substância colante. Antes do início das construções, os arquitetos incas faziam pequenas maquetes de argila e pedra, a partir de seus projetos.

Ainda hoje, construções inteiras feitas pelos incas ou vestígios delas podem ser vistas em cidades como Cuzco, Lima e Quito. Muitas das construções europeias dessas cidades foram feitas sobre ruínas de edificações incas. Existem também várias localidades — praticamente intactas — em que se pode ver como se organizavam os bairros e cidades incas. É o caso de Macchu Picchu, Pisac e Tiahuanaco.

Thinkstock/Getty Images

As ruínas da cidade inca de Macchu Picchu revelam um grande planejamento em sua organização espacial, bem como as grandes habilidades de construção usadas no aproveitamento de regiões muito altas e de difícil acesso.

Nas cidades incas desenvolveu-se uma intensa atividade comercial. As autoridades da administração imperial determinavam a periodicidade das feiras e a localização dos mercados, já que era nesses locais que se faziam os comunicados oficiais do Inca à população. As feiras serviam para as trocas de produtos de regiões diferentes e para a troca de artigos de luxo produzidos pelos artesãos das cidades. Não usavam moedas, e os valores dos produtos eram determinados pelas partes envolvidas na transação.

> *Em todas partes deste reino do Peru nós que viajamos por elas sabemos que há grandes feiras e mercados onde os nativos negociam. Os de Cuzco se contavam entre os maiores e mais ricos e mesmo no tempo dos espanhóis sua grandeza se situava no ouro que era comprado e vendido ali, assim como em muitas outras coisas que entravam na cidade. Mas este mercado ou feira de Cuzco não igualava ao sem par de Potosí, onde o movimento era tão grande que tão só entre os índios, sem incluir aos cristãos, de vinte e cinco a trinta mil pesos de ouro mudavam de mãos todos os dias. Isto é de maravilhar e me parece que nenhuma feira do mundo poderia comparar-se a ela.*
>
> (Pedro Cieza de León, op. cit., 1553.)

O império inca foi brutalmente destruído, no século XVI, pelos conquistadores espanhóis, que impuseram sua cultura à população andina. Apesar da grande destruição causada pela colonização, ainda hoje encontramos na região dos Andes traços culturais identificados com a tradição inca, embora descaracterizados por sua fusão à cultura europeia.

VOCABULÁRIO

Acéquias — Canais de irrigação usados pelos incas.

Ananás — Abacaxi.

Antropofagia — Costume de comer carne humana.

Aterros mortuários — Locais onde se realizavam sepultamentos dos mortos, através de técnicas de acúmulo de camadas de terra.

Autóctone — Originário do local onde vive.

Botoques — Rodelas grandes de pedra ou madeira usadas em furos feitos nos lóbulos da orelha, narinas ou beiço inferior por alguns grupos indígenas americanos.

Caribus — Mamíferos semelhantes às renas, encontrados na região do Ártico.

Cerros — Colinas pequenas que formam penhascos.

Códices — Manuscritos feitos em pergaminho, em formato de livro, que registram aspectos da história de determinada cultura.

Embira — Casca de árvore ou cipó usado para amarrar.

Escavação — Trabalho de retirar as várias camadas de terra para encontrar vestígios de presença humana.

Eurocêntrico — Centrada no ponto de vista do europeu.

Genealogia — Estudo da origem das famílias de determinado grupo humano.

Glaciações — Períodos de resfriamento da Terra, quando se formaram extensas geleiras.

Guanaco — Animal ruminante, semelhante ao lhama.

Líticos — Feitos de pedra.

Neolítico — Pertencente ao Neolítico, período da Pré-História que significa "nova idade da pedra" ou "período da pedra polida".

Nômades — Povos sem moradia fixa, que se deslocam constantemente em busca de alimentos.

Paleoíndios — Caçadores de grandes mamíferos e produtores de pontas de projéteis de pedra lascada, também conhecidos como caçadores de megafauna.

Paleolítico — Nome dado ao primeiro período da Pré-História, que significa "antiga idade da pedra" ou "período da pedra lascada".

Pinturas rupestres — Pinturas feitas nas paredes das cavernas.

Sarjar — Fazer incisões na pele com instrumentos cortantes.

Sedimentos — Camadas sobrepostas de terra, areia ou pedra e vestígios dos sítios arqueológicos, que revelam ocupação humana em tempos diferentes.

Sítios arqueológicos — Locais onde se encontram vestígios materiais da cultura humana do passado, como instrumentos e utensílios domésticos.

Urnas funerárias — Vasos em que alguns povos antigos depositavam as cinzas dos mortos ou o próprio cadáver.

Vicunhas — Mamíferos que produzem uma fina lã, encontrados na região andina.

CRONOLOGIA

50000 a.C. Provável chegada dos homens à América, segundo descobertas feitas no Piauí.

28000 a.C. Provável chegada dos homens à América, segundo a teoria de Bering.

21000 a.C. Primeiros produtores de instrumentos de pedra (paleoíndios).

20000-10000 a.C. Primeiros povoadores da América do Sul, habitantes de cavernas e caçadores de grandes mamíferos.

9000 a.C. Caçadores que povoaram a região da Patagônia, vivendo em cavernas e produzindo instrumentos de pedra lascada.

8000 a.C. Povos coletores de plantas selvagens dos desertos da América do Norte.

7000 a.C. Primeiros produtores de instrumentos de pedra polida.

7000-4000 a.C. Primeiros vestígios de povos agricultores no planalto mexicano.

6500 a.C. Povos caçadores e coletores se estabelecem na Terra do Fogo.

6000 a.C. Povos coletores de plantas selvagens dos desertos da América do Sul.

5000 a.C. Primeiros povos coletores de moluscos do litoral (sambaquis).

5000 a.C. Primeiros vestígios de produção agrícola da região andina.

4500 a.C. Primeiros vestígios de esquimós na região do estreito de Bering.

3200 a.C.	Primeiros vestígios de cerâmica encontrados na região do Equador.
2000-1000 a.C.	Início da vida em aldeias na região da América Central.
2000 a.C.	Primeiros produtores de instrumentos de cobre e primeiras civilizações agrícolas que se desenvolveram nas florestas orientais da América do Norte.
1500-1000 a.C.	Primeira grande civilização urbana que se desenvolveu na América Central (olmeca).
1500 a.C.	Primeiros agricultores na ilha de Marajó (Ananatuba).
100-1100 d.C.	Período de expansão da cultura esquimó pelas estepes canadenses e pela Groenlândia.
292 d.C.	Primeira data registrada no calendário maia.
500 d.C.	Início dos deslocamentos dos grupos tupis-guaranis em direção ao litoral brasileiro.
600-800 d.C.	Período de desenvolvimento da escrita maia.
1000 d.C.	Definição da cultura ona na região da Terra do Fogo.
1160 d.C.	Destruição da cidade de Tula, que marca o fim da civilização maia.
1345 d.C.	Chegada dos astecas ao lago Texcoco e fundação da cidade de Tenochtitlán.
1438 d.C.	Início da organização do império inca.
1492 d.C.	Chegada dos primeiros espanhóis à América, chefiados por Cristóvão Colombo.
1500 d.C.	Definição da cultura tehuelche nas estepes patagônicas.
1521 d.C.	Conquista do México por Hernán Cortez e destruição do império asteca.
1533 d.C.	Conquista do Peru por Francisco Pizarro.

PARA SABER MAIS

Para conhecer um pouco mais a história dos povos americanos, deixamos algumas sugestões de leituras:

- Muitos dos diários escritos pelos viajantes europeus dos séculos XV e XVI estão editados e são fáceis de encontrar. Esse é o caso dos diários de Cristóvão Colombo, Hernán Cortez e Cabeza de Vaca, que foram editados pela L&PM, e de Hans Staden e Jean de Léry, que foram editados pela Edusp/Itatiaia.

- O livro *O universo incaico* de Garcilaso de la Vega, o Inca, publicado pela Editora da PUC-SP, é uma boa leitura para quem quer conhecer mais de perto o funcionamento do império inca.

- Uma boa leitura sobre os astecas é o livro *Os astecas na véspera da conquista espanhola,* de Jacques Soustelle, editado pela Cia. das Letras.

- A editora LP&M publicou *Pés nus sobre a terra sagrada,* uma coletânea de textos escritos por índios da América do Norte, que tratam de suas relações com os colonizadores, o genocídio e suas crenças religiosas.

- Para um conhecimento mais geral sobre as civilizações americanas, o livro *A América pré-colombiana,* de Ciro Flamarion Cardoso, editado pela Brasiliense na coleção Tudo é História, é uma boa opção.

- A coleção Povos do Passado da editora Melhoramentos tem dois volumes sobre a América, um dedicado aos incas e outro aos astecas. Neles se enfoca a vida cotidiana desses povos, com informações interessantes sobre moradia, vestimenta, alimentação, além de trazer boas ilustrações. A editora Atual publicou o livro *A América que os europeus encontraram*, de Enrique Peregalli, na coleção Discutindo a História.

- Para conhecer mais o universo dos esquimós, o romance *No país das sombras longas*, de Hans Ruesch, editado pela Record, é uma leitura agradável.

- Os primeiros habitantes do Brasil foram tema de três livros publicados pela Atual. *Os Primeiros habitantes do Brasil*, de Norberto L. Guarinello, é da coleção A Vida no Tempo; *Senhores destas terras*, de Gilberto Azanha e Virgínia Marcos Valadão, é da coleção História em Documentos, e *O índio e a conquista portuguesa*, de Luiz Koshiba, da coleção Discutindo a História do Brasil.

- O cinema produziu vários filmes sobre a conquista da América pelos europeus que mostram aspectos das culturas americanas, tais como 1492 — *A conquista do paraíso*, dirigido por Riddley Scott, cujo tema são as viagens de Colombo e seus primeiros contatos com as populações americanas; A Missão, de Roland Joffé, que conta a guerra entre as missões jesuíticas e os colonizadores ibéricos no Paraguai; *Como era gostoso o meu francês*, de Nelson Pereira dos Santos, que mostra o relacionamento de uma tribo de canibais do litoral brasileiro com um náufrago francês no século XVI.

BIBLIOGRAFIA

AMADO, Janaína, FIGUEIREDO, Luiz Carlos. *No tempo das caravelas.* Goiânia: CEGRAF-UFG; São Paulo: Contexto, 1992.

CAPUCCI, Victor Zappi. *Fragmentos de cerâmica brasileira.* São Paulo: Nacional, 1987.

COLOMBO, Cristóvão. *Diários da descoberta da América.* Porto Alegre: L&PM, 1984.

CORTEZ, Hernán. *A conquista do México.* Porto Alegre: L&PM, 1986.

DAVIS, Christopher. *Os índios da planície.* Lisboa: Editorial Verbo, 1982.

DEBRET, Jean-Baptiste. *Viagem pitoresca e histórica ao Brasil.* São Paulo: Círculo do Livro, s.d. vol. 1.

GALDAMES, Osvaldo Silva. *Civilizaciones prehispánicas de América.* Santiago de Chile: Editorial Universitária, 1985.

GIMPERA, P. Bosch. L'*Amérique avant Christophe Colomb.* Paris: Payot, 1967.

GÓMARA, Francisco López de. *Historia general de las Indias.* Barcelona: Editoria Ibérica, 1954.

GUARINELLO, Norberto Luiz. *Os primeiros habitantes do Brasil.* São Paulo: Atual, 1994.

Guidon, Niéde. Nas pegadas do homem americano. *Ciência Hoje,* SBPC, vol. 12, nº. 69, dez. 1990.

_________. Pré-História no Piauí. *Revista Horizonte Geográfico,* ano 3, nº. 12, set./out., 1990.

IVANOFF, Pierre, ASTURIAS, Miguel Angel. *Monuments of civilization maya.* Londres: Cassel, 1975.

KNEIP, Lina Maria: Sambaquis na pré-história do Brasil. *Ciência Hoje,* vol. 6, nº. 33, São Paulo, SBPC, julho 1987.

LABRADOR, Joseph Sanchez. *Los indios pampas, puelches, patagones*. Buenos Aires; Viau e Zoma Editores, 1936.

LÉRY, Jean de. *Viagem à terra do Brasil*. Belo Horizonte: Itatiaia; São Paulo: Edusp, 1980.

MASSONE M., Maurício. *Hombres del Sur*. Santiago de Chile: Museo Chileno de Arte Precolombino, 1987.

MCLUHAN, T. C. *Pés nus sobre a terra sagrada*. Porto Alegre: LP&M, 1994.

MEGGERS, Betty J. *América pré-histórica*. Rio de Janeiro: Paz e Terra, 1979.

MENESES, Ulpiano T. Bezerra de. A construção original do território americano. R*evista USP — Dossiê Quinhentos Anos de América*, nº. 12, dez./jan./fev., 1991-1992.

MÉTRAUX, Alfred. *A religião dos tupinambás e suas relações com a das demais tribos tupi-guaranis*. São Paulo: Nacional/Edusp, 1979.

NOVAES, Sylvia Caiuby (org.). *Habitações indígenas*. São Paulo: Nobel/Edusp, 1983.

O'GORMAN, Edmundo. *A invenção da América*. São Paulo: Unesp, 1992.

PALLESTRINI, Luciana. O cenário de sete mil anos. *Ciência Hoje*, vol. 4, nº. 19, São Paulo, SBPC, julho/agosto 1985.

PIGAFETTA, Antonio. *A primeira viagem ao redor do mundo — o diário da expedição de Fernão de Magalhães*. Porto Alegre: L&PM, 1985.

RECINOS, Adrián (org.). *Popol Vuh — las antiguas historias del Quiché*. México: Fondo de Cultura Económica, 1992.

ROSS, John. *A voyage of discovery*. London: [s.n.], 1819.

SCHMIDEL, Ulrico. *Relatos de la conquista del Río de la Plata y Paraguay — 1534-1554*. Madrid: Alianza Editorial, 1986.

SEJOURNÉ, Laurette. *América Latina: antiguas culturas precolombianas*. Madrid: Siglo Veintiuno, 1983.

SOUSA, Gabriel Soares de. *Tratado descritivo do Brasil em 1587*. São Paulo: Nacional/Edusp, 1971.

SOUSTELLE, Jacques. *Os astecas na véspera da conquista espanhola.* São Paulo: Companhia das Letras/Círculo do Livro, 1990.

STADEN, Hans. *Duas viagens ao Brasil.* Belo Horizonte: Itatiaia; São Paulo: Edusp, 1974.

TODOROV, Tzvetan. *A conquista da América — a questão do outro.* São Paulo: Martins Fontes, 1993.

VACA, Álvar Nuñez Cabeza de. *Naufrágios e comentários.* Porto Alegre: L&PM, 1987.

VASQUEZ, Alfredo Barrera, RENDÓN, Silvia (org.). *El libro de los libros de Chilam Balam.* México: Fondo de Cultura Económica, 1969.

VEGA, Garcilaso de la — El Inca. *O universo incaico.* São Paulo: Edições Loyola/Editora da PUC/Editora Giordano, 1992.

_________. *La florida del Inca.* México: Fondo de Cultura Económica, 1956.

VESPÚCIO, Américo. *Novo Mundo.* Porto Alegre: L&PM, 1984.

VILLALOBOS, Sergio R. *Breve historia de Chile.* Santiago de Chile: Editorial Universitária, 1988.

VON HAGEN, Victor W. *El imperio de los incas.* México: Editorial Diana, 1979.

As autoras

Ana Maria Bergamin Neves licenciou-se em História pela Universidade de São Paulo e trabalhou como professora dos ensinos fundamental e médio em várias escolas particulares. Atua também como assessora da área de Estudos Sociais.

Flávia Maria Ricca Humberg licenciou-se em História pela Universidade de São Paulo, trabalhou como pesquisadora no Centro de Estudos de Demografia Histórica do Departamento de História da USP por dois anos e também como professora em várias escolas particulares.